T0107917

Renaud Barbaras est professeur de philosophie contemporaine à l'université Paris 1 Panthéon-Sorbonne.

INTRODUCTION À LA PHILOSOPHIE
DE HUSSERL

DU MÊME AUTEUR

Autrui, Paris, Quintette, 1989.

De l'être du phénomène. Sur l'ontologie de Merleau-Ponty, Grenoble, Millon, 1991, 2ᵉ édition, 2001.

La Perception. Essai sur le sensible, Paris, Hatier, 1994 ; 2ᵉ édition, Paris, Vrin, 2008.

Merleau-Ponty, Paris, Ellipses, 1997.

Le Tournant de l'expérience. Recherches sur la philosophie de Merleau-Ponty, Paris, Vrin, 1998.

Le Désir et la distance. Introduction à une phénoménologie de la perception, Paris, Vrin, 1999 ; 2ᵉ édition revue, 2006.

Vie et Intentionnalité. Recherches phénoménologiques, Paris, Vrin, 2003.

Le Mouvement de l'existence. Études sur la phénoménologie de Jan Patočka, Chatou, La Transparence, 2007.

Introduction à une phénoménologie de la vie, Paris, Vrin, 2008.

L'ouverture du monde : Lecture de Jan Patocka, Les Éditions de la Transparence, 2011.

La vie lacunaire, Paris, Vrin, 2011.

Investigações fenomenológicas Em direção a uma fenomenologia da vida, Curitiba, Editora UFPR, 2011.

Dynamique de la manifestation, Paris, Vrin, 2013.

BIBLIOTHÈQUE D'HISTOIRE DE LA PHILOSOPHIE

Fondateur Henri GOUHIER   Directeur Emmanuel CATTIN

Renaud BARBARAS

INTRODUCTION À LA PHILOSOPHIE DE HUSSERL

PARIS

LIBRAIRIE PHILOSOPHIQUE J. VRIN

6 place de la Sorbonne, V ͤ

2015

© *Librairie Philosophique J. VRIN*, 2015
pour la présente édition en poche
ISSN 0249-7980
ISBN 978-2-7116-2652-6
www.vrin.fr

AVANT-PROPOS

Cet ouvrage est issu d'un cours consacré à la phénoménologie de Husserl qui a été dispensé à l'université Paris IV Sorbonne durant les années universitaires 1993-1994 et 1994-1995 en vue de la préparation à la troisième épreuve de l'écrit de l'agrégation de philosophie. Il a été transcrit, sur la base de mes notes manuscrites, par Frédérique Robion, Mathias Goy et Alexander Schnell. Qu'ils en soient ici remerciés.

J'ai pris le parti de n'apporter aucune transformation, à l'exception des corrections d'usage. Ce cours figure donc ici exactement tel qu'il a été prononcé. Il devait comporter trois grandes parties, portant respectivement sur les recherches logiques, la phénoménologie transcendantale et la phénoménologie du monde de la vie. Faute de temps, la troisième partie n'a pas été abordée. Quant au troisième et dernier moment de la seconde partie, consacré au problème de l'intersubjectivité, il n'a pu être conduit au-delà d'une mise en place introductive.

Enfin, je remercie Caroline pour son aide très précieuse.

INTRODUCTION

Mon projet est à la fois modeste et immodeste : il consiste à introduire à la phénoménologie de Husserl en ne supposant rien de connu quant à Husserl. Il ne faut pas dissimuler l'extrême difficulté de cette œuvre qui, par essence (c'est-à-dire en vertu de son sens même), n'est pas systématique (construction), pas déductive, pas argumentative (forme).

1. Il ne s'agit pas d'adopter une position de surplomb qui permettrait d'ordonner, d'organiser le réel, selon la tradition métaphysique, mais au contraire de s'immerger dans le vivre lui-même par lequel quelque chose nous est donné. Pour tel objet, telle région de l'être, il ne s'agit pas de le penser à partir de sa place, dans un ordre absolu, et de sa fonction, sa nécessité au sein de cet ordre – mais plutôt d'en saisir le sens, c'est-à-dire la manière dont nous le vivons. En cela, on peut dire que cette philosophie n'est pas subordonnée au principe de raison suffisante (tout comme Bergson ; *cf.* la critique du néant dans *L'Évolution créatrice* : faire sortir l'être du néant, c'est demander pourquoi il y a quelque chose plutôt que rien) : le but de la pensée est de s'égaler à une inscription originaire au cœur du réel en tant que vivre de ce réel – si bien que la

question n'est plus « pourquoi quelque chose? », mais
« comment se donne-t-il? ». Originalité absolue. Différence
donc avec Hegel, car pour Husserl il y a vraiment identité
de l'Absolu et de la manifestation, alors que chez Hegel
il y a un processus de l'Absolu lui-même qui n'est pas le
processus de sa manifestation. Comme le dit Levinas :
« *l'accès à l'objet fait partie de l'être de l'objet* » [1].

2. Corrélativement, du point de vue de la forme, ce
n'est pas une philosophie argumentative, mais une
philosophie fondée sur l'intuition (dans le § 24 des *Ideen I*,
Husserl explicite ce qu'il appelle « le principe des
principes » : « *toute intuition donatrice originaire est une
source de droit pour la connaissance ; tout* ce qui s'offre
à nous *dans "l'intuition" de façon originaire* (dans sa
réalité corporelle pour ainsi dire *[Leibhaftigkeit]*) *doit être
simplement reçu pour ce qu'il se donne*, mais *sans non
plus outrepasser les limites dans lesquelles il se donne
alors* » [p. 78]. Nous aurons bientôt l'occasion de thématiser
cela. Cela signifie que la justification ultime d'un énoncé
réside dans une évidence, c'est-à-dire dans une intuition,
un voir où la chose – au sens de ce dont il est question – est
présente en personne. Husserl écrit quelque part qu'il n'est
pas absurde de répondre à la question « pourquoi en est-il
ainsi? » par ceci : « parce que je vois qu'il en est ainsi,
parce que c'est évident ».

Ces remarques générales pour montrer que, en vertu
même de son sens, cette œuvre comporte des difficultés
spécifiques. On ne peut l'aborder de manière systématique,
enchaîner déductivement des énoncés ou des thèses. Elle

1. E. Levinas, *En découvrant l'existence avec Husserl et Heidegger*,
Paris, Vrin, 1949, édition suivie d'*Essais nouveaux*, 3 e édition corrigée,
2001, p. 161.

procède plutôt par ramifications, de plus en plus complexes, à partir d'un point de départ – ramifications qui correspondent à celles des vécus eux-mêmes. Elle se structure par couches de plus en plus approfondies, les « thèmes » correspondant à des couches, des degrés de profondeur de l'analyse. Donc métaphore du réseau et des strates plutôt que de l'organisme.

D'autre part, comme le note Denise Souche-Dagues, sur un plan diachronique l'évolution prend la forme de variations autour d'un même thème : on voit donc un déplacement progressif s'opérer, quant à telle ou telle thèse, par variations insensibles. C'est pourquoi il faut le lire avec une grande attention : « tous les mots comptent ». La première difficulté est donc de se repérer dans ce réseau stratifié. La seconde difficulté tient au caractère intuitionniste de la démarche : il s'agit de voir, d'effectuer ce dont il est question. La compréhension ne passe pas par une mise à distance mais au contraire par une participation, une adhésion selon un « vivre » partagé. C'est particulièrement évident pour la réduction phénoménologique – qu'il faut accomplir pour son propre compte. Il n'est évidemment pas question de tout lire – non seulement parce que c'est pratiquement impossible (temps), mais parce que c'est extrêmement répétitif (tout au moins pour une visée de compréhension générale).

Je donne donc une bibliographie sélective, non absolument chronologique, et naturellement déterminée par le mouvement de mon cours. Je distingue, autant que cela puisse avoir un sens, ce qui est primordial et ce qui l'est un peu moins.

À titre introductif :

La Philosophie comme science rigoureuse (1911), trad. M. B. de
   Launay, Paris, P.U.F., 1989.
« Postface à mes *Idées directrices…* » (1930, dans *Ideen III. La
   Phénoménologie et les fondements des sciences* (…), trad.
   D. Tiffeneau, Paris, P.U.F., 1993).

Puis :

Recherches logiques (1900-1913), trad. H. Elie, A. L. Kelkel et
   R. Schérer, Paris, P.U.F., 1959-1963 [abr. *RL*], en particulier :
– *Prolégomènes à la logique pure* (t. I ; abr. *P*) ;
Recherche I (t. II-1) ;
Recherche III (t. II-2), chapitre 1 ;
Recherche IV (t. II-2), § 12 à 14 ;
Recherche V (t. II-2) ;
Recherche VI (t. III), sections I et II.
L'Idée de la phénoménologie, Cinq leçons (1907), trad. A. Lowit,
   Paris, P.U.F., 1970 [abr. *IP*].
Problèmes fondamentaux de la phénoménologie (1910-1911), trad.
   J. English, Paris, P.U.F., 1991.
*Idées directrices pour une phénoménologie et une philosophie
   phénoménologique pures*, tome I. *Introduction générale à la
   phénoménologie pure* (1913), trad. P. Ricœur, Paris, Gallimard,
   1950 [abr. *Ideen I*].
Leçons pour une phénoménologie de la conscience intime du temps
   (1904-1910), trad. H. Dussort, préface de G. Granel, Paris, P.U.F.,
   1964 [abr. *CIT*].
*Idées directrices pour une phénoménologie et une philosophie
   phénoménologique pure*s, Livre *Second. Recherches
   phénoménologiques pour la constitution* (1912-1918), trad.
   É. Escoubas, Paris, P.U.F., 1982.
Logique formelle et logique transcendantale (1929), trad. S. Bachelard,
   Paris, P.U.F., 1957.

Méditations cartésiennes. Introduction à la phénoménologie (1929), trad. G. Peiffer et E. Levinas [1931], Paris, Vrin, 1947, nouvelle édition, 1992 [abr. *MC* suivi de la pagination des deux éditions].

L'Arche-originaire Terre ne se meut pas (1934), trad. D. Franck parue dans *Philosophie*, n° 1 (janvier 1984), p. 5-21.

La Crise des sciences européennes et la phénoménologie transcendantale (1935-1936), trad. G. Granel, Paris, Gallimard, 1976 [abr. *Krisis*].

L'Origine de la géométrie (1936), trad. et introd. J. Derrida, Paris, P.U.F., 1962.

Expérience et Jugement. Recherches en vue d'une généalogie de la logique (1938), trad. D. Souche-Dagues, Paris, P.U.F., 1970 [abr. *EJ*].

Commentateurs :

(Je distingue également des degrés et je me limite à l'essentiel.)

Ouvrages généraux :

DASTUR Françoise, « Husserl », dans D. Folscheid (dir.), *La Philosophie allemande*, Paris, P.U.F., 1993.

LEVINAS Emmanuel, *Théorie de l'intuition dans la phénoménologie de Husserl*, Paris, Vrin, 1994 (= 1930).

PATOČKA Jan, *Introduction à la phénoménologie de Husserl*, trad. E. Abrams, Grenoble, Millon, 1992.

FINK Eugen, « La phénoménologie de Husserl face à la critique contemporaine », dans *De la Phénoménologie*, trad. D. Franck, Paris, Minuit, 1974.

TRAN DUC THAO, *Phénoménologie et matérialisme dialectique*, Paris, Minh-Tân, 1951 (reprint Éditions des Archives Contemporaines, 1992).

Articles, études ou recherches plus précises :

PATOČKA Jan, *Qu'est-ce que la phénoménologie ?*, trad. E. Abrams, Grenoble, Millon, 1988.

DASTUR Françoise, « Réduction et intersubjectivité », dans É. Escoubas et M. Richir (dir.), *Husserl*, Grenoble, Millon, 1989.

RICŒUR Paul, *À l'école de la phénoménologie*, Paris, Vrin, 1986.
– Préface à Husserl, *Ideen I*.
LEVINAS Emmanuel, *En découvrant l'existence avec Husserl et Heidegger*, Paris, Vrin, 1949, édition suivie d'*Essais nouveaux*, 3 e édition corrigée, 2001.
FRANCK Didier, *Chair et Corps. Sur la phénoménologie de Husserl*, Paris, Minuit, 1981.
FINK Eugen, « Les concepts opératoires dans la phénoménologie de Husserl », dans *Husserl*, Colloque de Royaumont, Paris, Minuit, 1959.
BIEMEL Walter, « Les phases décisives dans le développement de la philosophie de Husserl », dans *Husserl*, Colloque de Royaumont, Paris, Minuit, 1959.
DERRIDA Jacques, Introduction à Husserl, *L'Origine de la géométrie*.
MERLEAU-PONTY Maurice, « Le philosophe et son ombre », dans *Signes*, Paris, Gallimard, 1960.
GRANEL Gérard, *Le Sens du Temps et de la Perception chez E. Husserl*, Paris, Gallimard, 1968.

Quel sera notre axe directeur? Je partirai du § 48 (p. 187 *sq.*) de la *Krisis* qui a pour titre : « Tout étant, quel qu'en soit le sens et quelle qu'en soit la région, est l'indice d'un système subjectif de corrélation. » (Voir aussi § 46.) De quoi s'agit-il? Il va de soi que chaque objet se caractérise par des modes de donnée subjectifs, que, par conséquent, chacun voit les choses et le monde tels qu'ils apparaissent. Or, cette évidence naïve, dit Husserl, recouvre « un large horizon de vérités surprenantes ». Elle est en général immédiatement interprétée dans une perspective sceptique. On en conclut que chaque chose a, à chaque fois, pour chaque homme, une apparence différente. On voit les présupposés théoriques qui animent une telle « évidence » : il y a une réalité en soi, que chaque subjectivité finie vient saisir selon telle apparence (complicité du scepticisme et du dogmatisme).

Or « l'horizon de vérités surprenantes » dont parle Husserl consiste en ceci que la corrélation est un *a priori* universel. Autrement dit, que telle chose se présente dans des données subjectives et dans telles données n'est pas seulement un fait mais une nécessité d'essence. La corrélation – selon une certaine typique – de l'étant avec la subjectivité, loin de recouvrir un rapport contingent, possède une validité *a priori*, correspondant à l'essence de l'étant et, par conséquent, de la subjectivité. Je cite Husserl : « Tout étant se tient dans une telle corrélation avec les modes de donnée qui lui appartiennent dans une expérience possible (…), et tout étant possède ses modes de validation ainsi que les modes de synthèse qui lui sont propres » (*Krisis*, p. 188).

Cela signifie que tel étant ne peut pas être autrement que selon le mode sous lequel il se donne à une conscience : la scission classique de l'être et de l'apparence disparaît. Cette distinction renvoyait bien sûr à la position d'une finitude anthropologique, source de l'apparence comme telle. Or, pour Husserl, tout homme imaginable, quelle que soit sa modification, ne pourrait faire l'expérience du monde selon d'autres modes de donnée. Ce qui veut dire que la phénoménalité n'est pas le fait de l'humanité, mais plutôt l'humanité, au moins au sens empirique, le fait de la phénoménalité (le fini n'est plus une limitation mais bien la mesure de l'Être).

Husserl précise dans une note : « La première percée de cet *a priori* corrélationnel universel de l'objet d'expérience et de ses modes de donnée (tandis que je travaillais à mes *Recherches logiques*, environ l'année

1898) me frappa si profondément que, depuis, le travail de toute ma vie a été dominé par cette tâche d'élaboration de l'*a priori* corrélationnel » (p. 189).

On mesure d'abord l'originalité et la radicalité philosophique de cet *a priori* de la corrélation. La position d'un en soi, étranger à la subjectivité, d'une réalité absolue, qui était celle de la métaphysique classique, est récusée. « Une *réalité absolue équivaut exactement à un carré rond* » (*Ideen I*, § 55, p. 183). Corrélativement, cela n'a plus de sens de se donner une conscience qui n'aurait affaire qu'à ses représentations de telle sorte que la question du rapport à l'objet, de la valeur objective, se poserait alors. L'*a priori* de la corrélation implique une conscience transcendantale, en un sens particulier et radical. Cette conscience ne conditionne pas la forme de l'objectivité au sein de phénomènes distincts de l'en soi. Elle est origine du monde, selon la formule de Fink, c'est-à-dire qu'elle est l'absolu.

C'est cette ligne directrice, cette intuition séminale – de l'aveu même de Husserl – que je souhaite expliciter et saisir dans sa progressive conquête d'elle-même.

On voit que l'interrogation est d'essence ontologique. Il ne faut pas seulement l'entendre au sens, techniquement husserlien, d'une eidétique mettant au jour des essences régionales. Il faut l'entendre au sens simple d'une interrogation sur l'être et le sens d'être de ce qui est. Cette interrogation elle-même, en vertu de la corrélation, met en jeu le sens d'être de cet étant particulier qu'est la conscience.

Or, Husserl note, dans une formule admirable : « Qui nous sauve d'une réification de la conscience est le sauveur de la philosophie, voire son créateur » [1]. Husserl fait bien sûr allusion au naturalisme contre lequel il ne cesse de lutter. C'est à la condition de ne pas penser l'être de la conscience sur le modèle de la chose, donc de ne pas en faire un membre de la nature, bref, une substance, que l'on peut comprendre la corrélation essentielle, l'ouverture de la conscience à autre chose qu'elle. Cependant, la formule citée montre que la réification de la conscience est ce dont nous devons être sauvés, c'est-à-dire ce qui représente un risque majeur, que nous ne sommes jamais sûrs d'avoir évité ou surmonté.

On peut dire en effet que la pensée de Husserl est animée par cette lutte contre le risque de la réification, dans la mesure où elle est orientée ou finalisée par l'*a priori* de la corrélation. C'est la prise en considération de cette tendance réifiante et de son dépassement qui orientera et structurera notre exposition *a)* sous la forme d'un certain réalisme au niveau de l'analyse du vécu dans les *Recherches logiques*, mais aussi *b)* sous la forme d'un certain réalisme transcendantal au niveau même de l'exposition de la phénoménologie transcendantale dans les *Ideen*, et le problème est alors de repérer la réification sous des formes dissimulées, c'est-à-dire d'en rechercher la racine.

Notre plan d'exposition sera donc à la fois chronologique (au moins en partie), problématique et thématique : *chronologique* car il y a bien une évolution de la pensée de Husserl qu'il faut suivre ; *problématique* car, au moins *a posteriori*, la reprise de la démarche phénoménologique est motivée par une insuffisance, une difficulté de la phase d'exposition antérieure ; *thématique* puisque le

---

1. Manuscrit de 1920 cité par Fr. Dastur, « Husserl », dans D. Folscheid (dir.), *La Philosophie allemande*, Paris, P.U.F., 1993, p. 282.

développement de la problématique conduira à mettre en avant tel ou tel thème, champ d'exploration jusqu'ici négligé ou, tout au moins, maintenu au second plan. D'où trois parties : 1. *les recherches logiques* (à ne pas entendre seulement au sens du titre de l'ouvrage) et la phénoménologie eidétique ; 2. *la phénoménologie transcendantale* ; 3. *la phénoménologie du monde de la vie ; l'ébranlement de l'idéalisme.*

PREMIÈRE PARTIE

LES RECHERCHES LOGIQUES

A. LA CRITIQUE DU PSYCHOLOGISME
ET LA LOGIQUE PURE

1. *La Philosophie de l'arithmétique*

Quelques remarques sur les premiers travaux de Husserl, afin de faire apparaître une continuité et de clarifier, par différence, le sens des *Recherches logiques*.

Il s'agit, dans la *Philosophie de l'arithmétique*, de l'élucidation du concept de nombre – concept évidemment majeur de l'arithmétique. Il faut noter que le concept de nombre incarne l'essence même de l'idéalité puisque son être se confond avec son apparaître. Il n'est rien d'autre que ce qui est pensé en lui et, cependant, il est un objet autonome vis-à-vis de la subjectivité empirique. Son être, c'est son être-pensé et, pourtant, il transcende l'acte empirique de la pensée.

Mais cette philosophie du nombre, qui doit en rechercher le fondement, prend la forme d'une *psychologie* – comme l'indique le sous-titre. Plus précisément, la fondation de l'arithmétique exige une combinaison de la logique et de la psychologie. L'analyse logique met en évidence des concepts simples (quantité, tout, partie), sur lesquels sont construites toutes les propositions : ces concepts sont indéfinissables dans le champ de la logique. Les fonder, c'est alors en rechercher l'origine psychologique.

En quel sens s'agit-il de psychologie ? Husserl se réfère au livre fondamental de Franz Brentano, *Psychologie du point de vue empirique*, dans lequel il distingue deux sens de la psychologie : *a)* la psychologie *génétique* : étude explicative qui met en évidence des lois selon une démarche inductive ; *b)* la psychologie *descriptive* : analyse purement descriptive des vécus de conscience. Mais il s'agit d'une psychologie *empirique*, qui aborde les contenus, les vécus de conscience, comme des faits. (C'est pourquoi Husserl récupérera le terme de psychologie descriptive qu'il avait employé pour caractériser la phénoménologie dans les *Recherches logiques*. *Cf.* la préface à la seconde édition, t. I, p. XVI.) Il s'agit donc de décrire les vécus de pensée dans lesquels se constitue le concept de nombre.

Le nombre est une multiplicité d'unités. Or, la multiplicité renvoie à un acte de liaison par lequel les éléments singuliers forment un tout. L'acte de liaison dont procède ce tout est ce que Husserl appelle liaison collective. Cette liaison, qui porte bien sûr sur des objets quelconques, indéterminés, est elle-même une liaison lâche, indéterminée : le rapport entre les objets est en quelque sorte minimal, simple rassemblement. En quoi consiste cette liaison ?

Husserl distingue deux types de relation : physique et psychique. Dans le premier cas, la relation est fondée dans les contenus eux-mêmes, de telle sorte que l'on ne peut faire varier indifféremment les contenus sans faire varier la relation. Exemples : identité, ressemblance, égalité. Dans le second cas, la relation procède uniquement de la manière dont nous considérons la chose, c'est-à-dire d'un acte de notre pensée. Ce qui veut dire qu'elle est indifférente aux contenus, qu'ils peuvent varier sans que varie la relation elle-même. Ainsi, la relation n'est pas donnée intuitivement dans les objets mais se confond avec l'acte de mise en relation. C'est précisément le cas de la liaison collective dont procède le concept de nombre.

C'est pourquoi Husserl peut écrire : « Les nombres sont des créations de l'esprit, dans la mesure où ils constituent des résultats d'activités que nous exerçons à l'égard de contenus concrets ; mais ce que créent ces activités, ce ne sont pas de nouveaux contenus absolus, que nous pourrions retrouver ensuite quelque part dans l'espace ou dans le "monde extérieur" ; ce sont proprement des concepts de relation, qui ne peuvent jamais qu'être produits, mais d'aucune façon trouvés quelque part tout faits » [1].

Cette démarche manifeste une orientation qui est également celle de l'œuvre future. C'est pourquoi Biemel – mettant l'accent sur la continuité – ira jusqu'à dire que, dans cette conception du nombre est déjà présente l'idée de constitution, telle qu'elle sera élaborée dans les *Ideen I* [2]. En effet, il s'agit bien ici d'aborder l'idéalité mathématique à partir des vécus de pensée qui la visent. Et cette visée est une production, comme le montre le concept de relation psychique (c'est-à-dire intentionnelle), qui met en évidence la dépendance en quelque sorte ontologique de la relation, par exemple de la totalité, vis-à-vis de l'acte de pensée. Ce qui implique que l'idéalité ne peut être saisie directement,

1. Cité par W. Biemel, « Les phases décisives dans le développement de la philosophie de Husserl », dans *Husserl*, Colloque de Royaumont, Paris, Minuit, 1959, p. 37.
2. *Ibid.*, p. 40.

atteinte de manière autonome : dans la mesure où elle relève d'une relation psychique, elle est fondée sur les entités – les « quelque chose » sur lesquels portent cette relation –, c'est-à-dire qu'elle renvoie ultimement à l'individuel. Cette thèse, on le verra bientôt, sera maintenue et élaborée.

Il n'en reste pas moins qu'il y a, à ce niveau, une difficulté fondamentale, qui explique le changement de perspective qui apparaît dans les *Recherches logiques*. Ce changement de perspective est double.

1. Il concerne d'abord le statut de l'arithmétique[1]. Le concept de numération ne peut constituer le fondement unique de l'arithmétique, car il ne permet pas de rendre compte des nombres négatifs, rationnels, complexes, etc. L'objet de l'arithmétique, selon cette extension, ne réside pas dans le nombre mais dans un système de signes. Dès lors, « l'arithmétique universelle n'est pas une science mais une partie de la logique formelle – que je définirais elle-même comme l'art des signes »[2].

Donc, premier élargissement, de l'arithmétique à la logique. On peut dire tout de suite que le passage aux *Ideen* correspond à un nouvel élargissement : de l'objet logique à tout objet possible.

2. Mais l'essentiel réside dans le second changement de perspective. En effet, l'approche de la *Philosophie de l'arithmétique* est, conformément au courant dominant du temps, psychologiste. Autrement dit, le nombre est réduit

---

1. *Cf.* la lettre à C. Stumpf de 1890 citée par W. Biemel, « Les phases décisives dans le développement de la philosophie de Husserl », *op. cit.*, p. 41.
2. Voir W. Biemel, « Les phases décisives dans le développement de la philosophie de Husserl », *op. cit.*, p. 42.

à des actes se produisant dans une subjectivité concrète. D'où la difficulté centrale : comment concilier cette production empirique – le nombre renvoie à un événement psychique – avec le caractère de généralité, d'idéalité transcendant les individus empiriques qui caractérise le nombre ? En effet, il est peut-être vrai que nous ne pouvons concevoir tel nombre sans un certain acte de totalisation d'une multiplicité, mais cela ne signifie pas que nous produisions ce nombre en son essence ; ce que nous produisons, c'est sa « représentabilité » car notre acte de production est réglé par l'essence du nombre. Et c'est pourquoi, précisément, plusieurs sujets empiriques peuvent penser identiquement ce nombre.

On voit donc bien la tension entre l'autonomie de l'idéalité vis-à-vis du psychique, qui est la condition de son objectivité, et sa fondation dans des vécus, des actes empiriques. C'est ce que Husserl reconnaît dans la première préface des *Recherches logiques* : « dès qu'on passait du déroulement psychologique de la pensée à l'unité logique du contenu de pensée (c'est-à-dire à l'unité de la théorie), nulle continuité ni clarté véritables ne paraissaient pouvoir se manifester. Aussi me trouvai-je également d'autant plus troublé par la question de principe suivante : comment l'objectivité de la mathématique et de toute science en général peut-elle être compatible avec une fondation psychologique du logique » (t. I, p. IX).

Cette évolution, cette prise de conscience, se fera – de l'aveu même de Husserl – grâce à ses études leibniziennes [1]. Grâce également à Frege qui, en 1894, publie une recension de la *Philosophie de l'arithmétique* dans laquelle il critique la fondation psychologique du mathématique et du logique.

---

1. Voir *ibid.*, p. 44.

Ainsi, le premier tome des *Recherches logiques*, les *Prolégomènes*, sera consacré à une critique violente du psychologisme car, comme dit Husserl, citant Goethe : « Il n'est rien que l'on condamne plus sévèrement que les erreurs dont on vient de se défaire » (t. I, p. X). Cependant, malgré cette difficulté essentielle, on voit que l'approche de la *Philosophie de l'arithmétique* est déjà dominée par l'*a priori* de la corrélation. Autrement dit, comme on le montrera, il ne s'agit pas du tout pour Husserl d'opter pour une position purement et simplement « platonicienne » (« réaliste ») telle qu'aucune corrélation ne serait pensable entre l'idéalité logique et les vécus, les actes d'un sujet, comme si la critique du psychologisme exigeait de renoncer à cette référence au psychique. Il s'agira, au contraire, de ressaisir les « objets » logiques à partir des vécus (*cf.* l'introduction du t. II). Cette orientation corrélationniste exigera un *double approfondissement* :

a) le dépassement d'une conception psychologique de la subjectivité ;

b) mais il faudra également parvenir à penser l'idéalité de telle sorte qu'elle puisse ne pas être indépendante des actes d'une subjectivité. Ce qui, négativement, exigera de dépasser une vision « réaliste », « platonisante » au sens naïf, de l'idéalité. C'est en ce sens que j'interprète cette remarque dans son esquisse d'« Avant-propos » aux *Recherches logiques* publiée par Fink. Il dit que sa rupture avec le psychologisme, préparée par ses études leibniziennes, fut achevée sous l'influence de la *Logique* de Lotze et de la *Théorie de la science* de Bolzano. À propos de Lotze, « sa géniale interprétation de la théorie platonicienne des idées m'apporta pour la première fois une grande lumière et c'est elle qui détermina toutes mes études ultérieures. Déjà Lotze parlait de vérités en soi et l'idée était ainsi proche de situer dans le domaine de l'idéalité tout le mathématique et une partie capitale de ce qui constitue traditionnellement le logique »[1]. On peut supposer que cette « géniale interprétation » consistait à montrer que la position d'une vérité et d'une idéalité en soi n'implique aucun réalisme, aucune existence transcendante. Le caractère objectif, c'est-à-dire contraignant, de l'idéalité n'implique pas nécessairement qu'on lui assigne une positivité ontique.

2. Les Prolégomènes et la critique du psychologisme

Nous abordons maintenant les *Recherches logiques* dont Husserl dit qu'il s'agit d'un « ouvrage inaugural ». Dans cette mesure, les *Ideen* « s'appuient sur les résultats des *Recherches logiques* ». Les *Recherches logiques* procèdent selon un mouvement ascendant, si bien qu'avec la sixième *Recherche*, « le niveau des *Ideen* est atteint pour l'essentiel ».

Les *Prolégomènes* ont pour but de dégager la possibilité d'une logique pure dont les tâches – explicites dans le dernier chapitre – feront l'objet des autres *Recherches*. La question directrice des *Prolégomènes* est celle du statut de la logique, c'est-à-dire de son sens, de sa fonction, de la délimitation de son champ. La radicalité de l'interrogation se mesure aux questions inaugurales – questions introductives – que Husserl pose à nouveau :

1. La logique est-elle une discipline théorique ou pratique ?

2. Est-elle indépendante des autres sciences ?

3. A-t-elle seulement affaire à la forme de la connaissance ou également à sa matière ?

1. Voir W. Biemel, « Les phases décisives dans le développement de la philosophie de Husserl », *op. cit.*, p. 44.

4. Est-elle apriorique et démonstrative ou empirique et inductive ?

Mais Husserl va développer une perspective permettant de répondre d'un seul coup – de manière cohérente – à toutes ces questions. Je retiens trois étapes (entrelacées).

a) *Le fondement théorique de la logique*

La première étape concerne la logique comme discipline pratique et le problème de son fondement théorique. Les sciences particulières, aussi fécondes et efficaces soient-elles, peuvent très bien méconnaître ce qui fait leur spécificité, ignorer le fondement de la validité de leur méthode. Elles sont donc marquées par un inachèvement quant à leur scientificité. Cet inachèvement appelle alors un nouveau type de recherches orientées sur ce qui fait défaut aux sciences particulières :

– recherches visant à mettre au jour et critiquer les présupposés métaphysiques qui sont au fondement de toute science (au moins de la nature) ;

– recherches qui portent « sur ce qui fait que des sciences en général sont des sciences » (*P*, § 5, t. I, p. 12). Celles-là concernent toutes les sciences. Cette science de la science, discipline normative qui met au jour les critères qu'une science doit respecter pour être une science, circonscrit le domaine de la logique. Mais encore faut-il montrer qu'une telle discipline est possible et légitime. Pour ce faire, il faut partir de ce qu'est une science.

La science est recherche du savoir. Celui-ci est possession de la vérité. Or, la vérité doit être considérée comme évidence : celle-ci est la saisie, l'intuition de la réalité même de ce qui est énoncé, de sa présence effective. Dans l'évidence, la chose ou l'état de choses (par ex. S est P) sont donnés comme sûrs, c'est-à-dire saisis comme

existants. Il faut en conclure que cette connaissance
véritable, en particulier scientifique, repose sur une évidence
(cf. *P*, § 6 et § 49).

Seulement, la difficulté est que l'évidence – authentifiant
l'existence d'un état de choses – n'est possible que pour
un ensemble restreint d'états de choses primitifs. Il y a
donc un nombre très élevé de propositions vraies qui le
sont parce qu'elles sont fondées sur des évidences – c'est-
à-dire déduites selon un certain enchaînement réglé. Une
fondation peut donc être caractérisée comme une forme
de déduction, propre à une certaine classe de déductions.
Par exemple, telle catégorie de syllogisme. Ce qui caractérise
précisément une science, c'est qu'elle n'en reste pas à un
groupe d'évidences éparses ni même à une fondation : elle
est constituée d'un enchaînement ou d'une complexion de
fondations, ce qui revient à dire qu'elle est *théorie*.

Ces fondations ont pour propriété d'être, d'une part
des structures fixes (1), d'autre part non isolées, non
singulières (2). Cela signifie que toute fondation apparaît
comme cas d'une loi générale concernant une infinité de
fondations possibles. Enfin, les formes de fondation sont
indépendantes du domaine de connaissance (3).

Nous sommes maintenant en mesure de répondre à
notre question de la possibilité et de la légitimité de la
logique. Je cite Husserl (*P*, § 8, p. 23) : « Si (…) la *forme
réglée* rend possible l'existence de *sciences*, d'un autre
côté, *l'indépendance*, dans une large proportion, *de la
forme par rapport au domaine du savoir* rend possible
l'existence d'une *théorie de la science*. »

Il faut expliciter le premier point. L'exactitude inhérente
à la science repose sur le fait que telle déduction fait partie
d'une classe, douée d'une forme typique, qui lui confère

précisément son exactitude. L'indépendance des fondations par rapport aux domaines matériels permet une scientificité générale, qui ne se réduit pas à la diversité des sciences particulières.

Il faut ajouter (c'est important pour la suite) qu'une science comporte des dispositifs auxiliaires pour les fondations : par exemple des abréviations autonomisant la pensée et tenant lieu de succédanés de fondations. L'algorithme permet de remplacer le travail déductif de l'esprit par des opérations mécaniques portant sur des signes.

La logique est donc la *théorie de la science*, qui traite de celle-ci en tant qu'unité systématique, c'est-à-dire unité dans l'enchaînement des fondations. Elle est bien une discipline *normative* : elle donne une idée de la science, permettant de mesurer si telle ou telle science empirique est conforme à cette idée, c'est-à-dire est une science véritable.

En tant que discipline normative, elle peut donner naissance à une *technologie* : c'est ce qui se produit lorsque la norme devient but, c'est-à-dire lorsque l'on tente de construire une science. La norme devient règle technique, donne une règle technique.

Nous avons établi la possibilité d'une logique et sa dimension normative. La question qui se pose maintenant est la suivante (*P*, § 13) : la définition de la logique comme technologie, c'est-à-dire comme discipline pratique, touche-t-elle son caractère essentiel ? Autrement dit, faut-il affirmer que c'est seulement la dimension pratique qui fonde l'autonomie de la logique comme science, de telle sorte alors que tout ce qu'elle mobilise de connaissances proviendrait de sciences théoriques déjà constituées ?

Faut-il dire au contraire que sa spécificité est théorique, c'est-à-dire que sa dimension pratique renvoie à un champ théorique autonome ? La logique serait, dans ce cas, essentiellement théorique : il y aurait une logique pure qui pourrait servir de fondement à une technologie.

Mais le problème va se préciser – ou se déplacer – une fois mise en évidence une nouvelle nécessité : toute discipline normative et pareillement toute discipline pratique repose sur une ou plusieurs *disciplines théoriques*, en tant que ses règles doivent posséder une teneur théorique indépendante de l'idée de la normativité, du devoir-être (*P*, § 16). En effet, l'énoncé normatif « A doit être B » renvoie à l'énoncé suivant :

« seul A qui a la propriété B est C ». Par exemple : « seul un guerrier qui est brave est un bon guerrier ». On a ici une évaluation théorique concernant l'essence du « vrai » ou « bon » guerrier.

Ceci établi, on aboutit alors à la question suivante, qui annonce toute l'entreprise husserlienne : « quelles sont les sciences théoriques qui fournissent les fondements *essentiels* de la théorie de la science ? » Cette question se spécifie en fonction du contexte de l'époque, puisque la réponse du courant dominant était la suivante : la psychologie. La question devient donc : la *psychologie* constitue-t-elle ou fournit-elle le fondement *essentiel* de la théorie de la science ?

b) *La critique du psychologisme*

Ici se déploie l'étape essentielle, celle de la critique du psychologisme, visant à montrer que la psychologie ne peut être le fondement essentiel de la logique.

Il faut d'abord caractériser le psychologisme (Lipps, Herbart, Lotze). La logique est une *technologie* de la *pensée*, qui concerne des concepts, des jugements, des raisonnements, etc. ; elle porte sur des fonctions psychiques, des réalités psychiques. Un concept, un jugement sont en effet des réalités psychiques. Or, puisque tout travail sur une matière présuppose la connaissance des propriétés constitutives de celle-ci, la logique reposera bien sur la psychologie. Celle-ci recherchera les lois réelles selon lesquelles s'enchaînent les processus de conscience pour donner lieu à tel jugement vrai : comme l'écrit Lotze, « la logique est une *physique* de la *pensée* ou n'est rien du tout ». Les fondations ne sont rien d'autre que des processus intellectuels, c'est-à-dire psychiques, en vertu desquels le jugement concluant apparaît comme une conséquence nécessaire ; mais ce caractère de nécessité est un caractère psychique, il correspond à un certain état de conscience. Prenons, par exemple, le principe de contradiction. Le « ne pas être vraies ensemble » des propositions contradictoires renvoie à une *incompatibilité réelle* des actes de jugement correspondant dans un même psychisme : deux actes de croyance s'opposant contradictoirement ne peuvent, de fait, coexister.

Mais Husserl caractérise le psychologisme en le situant au sein d'un débat qui est celui de l'époque.

Aux psychologistes s'opposent ceux qui invoquent le caractère normatif de la logique. Ils reprochent aux psychologistes de confondre le fait et le droit. Ils prétendent tirer une norme des enchaînements naturels de la pensée, c'est-à-dire de la pensée de fait. Or la logique, comme science de ce que doit être la pensée, ne peut reposer sur les lois de la pensée telle qu'elle est. Elle recherche des lois au sens normatif, c'est-à-dire des enchaînements idéaux ; elle ne peut les fonder sur des lois au sens causal, c'est-à-dire des enchaînements réels. Elle correspond donc à une *éthique* de la pensée, qui ne peut pas plus être fondée sur la psychologie que la morale peut être fondée sur la vie.

La position de Husserl est absolument originale, en ce qu'elle consiste à refuser cette alternative. Il adopte une position moyenne (il emploie ce terme au § 43, p. 181), et à deux niveaux.

Faisons d'abord observer que l'opposition que nous venons d'évoquer n'est qu'apparente : elle recouvre une complicité plus profonde. En effet, les deux parties ont en commun de situer l'essence de la logique dans son caractère normatif, c'est-à-dire de refuser une théorie logique autonome. Simplement, les uns s'en tiennent à l'idée d'une autonomie absolue de la norme, d'un clivage entre le devoir-être et l'être, alors que les autres cherchent à la fonder dans une science théorique déjà constituée. Leur complicité tient donc à ceci : dès lors que la logique est essentiellement normative, elle n'a de fondement théorique qu'extra-logique. C'est cette complicité que Husserl refuse en « changeant de terrain » (*P*, § 41-42). Examinons chaque position.

Le mérite des anti-psychologistes est d'avoir vu que les lois logiques relèvent d'une idéalité étrangère à la psychologie. Leur tort est d'avoir confondu cette *idéalité* avec une *normativité*. Il n'ont donc pas saisi la différence entre le *contenu* théorique des propositions logiques et leur *fonction* pratique. La distinction n'est pas opérée entre l'idéal au sens normatif et l'idéal au sens théorique. Ainsi, le contraire de la loi naturelle des psychologistes n'est pas la loi normative mais la loi idéale au sens théorique.

Le mérite des psychologistes est d'avoir aperçu la nécessité d'un fondement théorique des lois normatives. Leur tort est d'avoir confondu ce fondement théorique avec le champ de la psychologie. Car ils « méconnaissent la *différence fondamentale* entre les *normes purement logiques* et les *règles techniques d'un art de penser spécifiquement humain* » (*P*, § 41, p. 176). Ainsi, symétriquement, le contraire de la loi normative des anti-psychologistes n'est pas la loi naturelle mais une loi idéale.

Le but de Husserl est donc bien de mettre en évidence une *légalité théorique pure* propre à la logique, qui se distingue : *a)* en tant que *théorique*, de la fonction *normative* (même si elle peut la fonder) ; *b)* en tant que *pure*, de la *psychologie* (même si elle peut s'adjoindre des règles tirées de la psychologie). C'est pourquoi on peut dire que Husserl adopte une position moyenne à un second niveau, c'est-à-dire vis-à-vis du psychologisme lui-même. Sa thèse est, rigoureusement, que la psychologie ne peut fournir le fondement essentiel de la logique. Mais cela n'exclut pas qu'elle participe à la fondation de la logique.

Il faut se rappeler en effet que Husserl reconnaît l'existence, au sein de la science, de *dispositifs auxiliaires* pour les fondations : par exemple, les méthodes algorithmiques. Les règles qui les régissent renvoient manifestement à la constitution spécifique de l'humanité (par ex. l'incapacité à effectuer de longs enchaînements déductifs). Les normes logiques se divisent donc en deux classes :

– celles qui réglementent *a priori* toute opération de fondation. Leur nécessité est idéale et s'applique donc à la science humaine (mais aussi à la science de tout être possible) : logique pure ;

– les dispositifs auxiliaires qui concernent essentiellement l'aspect spécifiquement humain des sciences et qui se fondent donc sur la constitution générale de l'homme.

Telle est la position de Husserl : l'idéalité logique est distincte de la normativité pure et de la facticité psychologique. Il reste maintenant à expliciter et à justifier cette position.

L'essentiel de la démarche va consister à critiquer le psychologisme. Cette critique distingue les conséquences du psychologisme et les préjugés qui le fondent. Mais cette distinction est artificielle car la mise au jour des préjugés est déjà à l'œuvre dans la dénonciation des conséquences.

Quelle est la démarche de Husserl ? Elle confronte le psychologisme et ses conséquences avec ce qui est impliqué par le sens même de la science et de la logique comme science de la science – plus précisément par le sens même de la loi logique, que nous pouvons apercevoir en nous appuyant sur celles dont nous disposons (intuition eidétique). Ce sens est atteint avec évidence, c'est-à-dire donné lui-même dans une intuition (cf. *P*, § 51, p. 210).

Il est incontestable que la psychologie est une science des faits (psychiques) et, partant, une science dont les lois sont des généralisations tirées de l'expérience. La psychologie, qui vise à mettre en évidence des lois naturelles de la pensée, procède par *induction*. Or, celle-ci ne fonde pas la validité absolue de la loi mais seulement la plus ou moins grande probabilité de cette validité : les lois logiques auraient alors, elles aussi, la valeur de simples probabilités. Cependant, il est évident que les lois logiques sont valables *a priori* et leur validité est justifiée par une évidence *apodictique*.

D'autre part, si les lois logiques étaient des expressions normatives de faits psychologiques, elles devraient posséder elles-mêmes un contenu psychologique, c'est-à-dire présupposer ou inclure l'existence du psychisme. Or, aucune loi logique n'implique dans son contenu une quelconque « *matter of fact* », c'est-à-dire l'existence de représentations, de jugements, etc. Selon son sens propre, aucune loi logique n'implique des facticités psychiques : d'une loi pure un fait ne peut être déduit.

Il va de soi que l'expression des lois logiques ne pourrait apparaître si nous n'avions eu des vécus psychiques du type « représentation », « jugement », etc. Mais ce n'est pas une objection. Cela ne le serait que si l'on confondait les *composantes psychologiques* de l'affirmation d'une loi avec les *moments logiques* du contenu de la loi ; que l'appréhension ou l'expression de la loi passe par des contenus psychologiques ne signifie pas que la loi elle-même ne soit que l'expression des relations entre ces contenus. La loi est idéale en ceci qu'elle transcende les actes d'appréhension ou d'expression singuliers, factuels.

Ce point est important car il se trouve que, pour Husserl, une catégorie ou une loi logique renvoie, du point de vue subjectif de la connaissance, à une perception. Ainsi (*P*, § 24 et § 46 et *RL VI*, section 2), l'appréhension de la loi exige, psychologiquement, deux étapes : la saisie d'une singularité perceptive, puis l'évidence intellectuelle de la loi. Mais on ne peut en conclure que la loi soit l'expression normative de faits psychologiques : il ne faut pas confondre, en effet, les fondements psychologiques de la connaissance de la loi et les prémisses logiques de la loi elle-même. Puisque l'hypothèse d'un fondement psychologique du logique a des conséquences qui contredisent le sens même du logique, il faut y renoncer.

Comme on l'aperçoit, le présupposé fondamental du psychologisme réside dans la confusion qu'il fait entre le jugement comme acte psychique et le contenu du jugement comme loi logique (*P*, § 22 et § 44-46). Dès lors, si on confond la loi logique avec l'acte de la connaître, la loi apparaît comme un pouvoir déterminant le cours de notre pensée : d'*objet* réglant l'ordre des vécus, elle devient *puissance* régissant le cours des vécus. Or, on ne peut identifier les lois causales d'après lesquelles la pensée doit procéder pour satisfaire à telle norme logique et ces normes elles-mêmes. Ainsi, par exemple, d'une machine à calculer : on ne peut pas confondre les lois de la mécanique qui expliquent son fonctionnement avec celles de l'arithmétique, qui sont les règles auxquelles se conforme son fonctionnement.

Ainsi, la critique du psychologisme passe par la mise en œuvre de *deux distinctions* corrélatives.

1. Celle de l'*acte* psychique (et de son enchaînement) et de l'*objet visé* en cet acte ; et, corrélativement, celle de l'*enchaînement* naturel des actes psychiques et de la *légalité* logique. Ainsi, l'objet logique est atteint dans un acte psychique particulier (représentation, jugement, raisonnement), mais il s'en distingue comme son objet. L'appréhension ou l'*apparaître* de l'objet logique renvoie au psychique, mais son *être* est distinct de l'être psychique.

2. En effet, cette distinction est celle du *réel* et de l'*idéal* (cf. *P*, § 24 et § 51). Le vécu psychique est un événement réel, c'est-à-dire temporellement situé ; l'idéalité logique, elle, transcende le temps, elle est intemporelle ou supratemporelle. Cette idéalité, nous le verrons, n'est autre

que le sens visé dans un énoncé logique, distinct des vécus psychiques indiqués par l'énoncé (cf. *RL I*).

La conséquence la plus radicale est que le psychologisme est un scepticisme.

Husserl distingue le scepticisme métaphysique (qui limite la connaissance humaine en niant l'existence ou la cognoscibilité des choses en soi) du scepticisme proprement dit, ou épistémologique : « il appartient au *sens* de la thèse théorique de nier les lois dont dépend la possibilité rationnelle de toute thèse » (*P*, § 32, p. 124 et *cf.* aussi § 36, p. 129 et § 37, p. 136). Contradiction, donc, entre le contenu de la thèse et ce qui est nécessairement impliqué par la thèse comme telle. Le scepticisme est une absurdité logique.

Or, on peut dire que le psychologisme, en tant que relativisme (spécifique ou anthropologique), est un scepticisme. En tant que théorie ou thèse, le psychologisme pose un sens idéal, irréductible au fait, qu'il nie par le contenu de sa thèse, consistant justement à subordonner le sens à une facticité anthropologique. Notons que le kantisme tombe sous cette accusation (cf. *P*, § 28, p. 104, § 38, p. 137 et § 58, p. 237).

Cette accusation de scepticisme met clairement en évidence le fait que Husserl s'appuie sur le sens inhérent à tout énoncé théorique (cf. *P*, § 51, p. 208) : toute énonciation prétend avoir une signification et une validité.

c) *La triple tâche de la logique pure*

Nous avons démontré, contre le psychologisme, la validité d'une *logique pure*, théorie indépendante de toute facticité, qui fondera la dimension normative de la logique.

Cette logique portera sur les fondations en tant qu'expressions d'une légalité idéale (par ex., *P*, § 42 et 46) : « On ne peut plus (…) contester l'existence idéale d'une science spéciale, de la logique pure, qui délimite, dans une indépendance absolue à l'égard de toutes les autres disciplines scientifiques, les concepts qui ressortissent constitutivement à l'idée d'une unité systématique ou théorique » (§ 42, p. 178).

Elle aura bien sûr ceci de particulier qu'elle sera subordonnée, quant à sa forme, au contenu de ses lois. Autrement dit : elle aura pour objet des règles conformément auxquelles elle est organisée.

Elle vient répondre à la question des *conditions idéales* de possibilité d'une science, c'est-à-dire d'une théorie (*P*, § 32 et 65). *a)* Ces conditions peuvent être *noétiques*, c'est-à-dire fondées dans l'idée de la connaissance comme telle (par ex., distinction entre jugements vrais ou faux, etc.). *b)* Ces conditions peuvent être fondées dans le contenu de la connaissance : elles sont alors *logiques*. Il s'agit ici des concepts et des lois inhérents à une théorie en général. Dès lors, la tâche de la logique pure sera triple.

1. Élucider les concepts primitifs essentiels dont est constitué le concept de théorie. Il s'agit d'abord des catégories de la signification : ce qu'il faut entendre par concept, jugement. Il s'agit ensuite de *catégories objectives formelles*, c'est-à-dire des catégories régissant la forme même de l'objectivité, abstraction faite de toute matière de la connaissance : objet, unité, pluralité, nombre, relation, etc. (cette distinction sera fondée au terme de la quatrième *Recherche logique*).

2. Les lois fondées dans les deux classes de concepts catégoriaux. Par exemple, lois de la grammaire pure (du

côté de la signification) et théorie pure de la pluralité des nombres pour ce qui concerne les catégories objectives formelles.

3. Après avoir constitué la science des conditions de possibilité d'une théorie, il reste à accomplir une tâche supplémentaire : traiter *a priori* des espèces essentielles de théorie et des lois relationnelles qui s'y rapportent. Il s'agit d'une théorie des formes de théorie possibles (c'est-à-dire d'une théorie pure des multiplicités).

B. SIGNIFICATION ET ESSENCE

Il faut maintenant mettre en œuvre ce programme, notamment pour ce qui est de la première partie, dont les autres dépendent. Autrement dit, il s'agit de fonder et de comprendre la distinction entre *catégories de la signification* et *catégories objectives formelles*. Nous serons par là même conduits à distinguer les *catégories objectives formelles* des *régions matérielles* ; ce qui revient à comprendre le concept husserlien d'essence, déjà à l'œuvre implicitement dans les *Prolégomènes* et qui est au fondement de la phénoménologie proprement dite.

1. *Distinctions essentielles*

La première *Recherche logique*, et en particulier son premier chapitre, est primordiale en ce qu'elle met en place un ensemble de concepts et de distinctions sur lesquels repose tout l'édifice. Le champ de la logique, on l'a aperçu, est un champ de *significations*. Husserl va donc commencer par une analyse de la signification à partir de l'acte au moyen duquel elle se réalise dans la vie psychique humaine, à savoir l'acte d'expression. Nous allons rencontrer quatre distinctions essentielles.

a) *Le signe (RL I, § 1-8)*

Le signe peut être entendu en deux sens. Tout d'abord, il désigne l'*indice* dont la fonction est l'indication. Ces indices comprennent les marques distinctes (propriétés caractéristiques destinées à faire connaître les objets auxquels elles adhèrent : le stigmate pour l'esclave), mais aussi les indices proprement dits (les fossiles), les signes mnémoniques, etc. Comment les définir ? La conviction de l'existence de certaines réalités (choses, états de choses) est vécue comme motif entraînant la conviction ou la présomption de l'existence des autres. Ajoutons ici qu'il s'agit d'une relation descriptive, empirique, et non d'une relation de nécessité idéale, qui est celle du rapport de prémisses à conclusions.

Des signes indicatifs, il faut distinguer les signes signifiants, les *expressions*. En première approche, Husserl pose que tout discours ou partie de discours, mais aussi que tout signe du même genre, est une expression, que le discours soit ou non réellement prononcé.

Comment comprendre cette expression (après en avoir circonscrit le champ) ? Il faut d'abord en exclure par exemple les gestes accompagnant les paroles, dans lesquels la personne s'extériorise, s'exprime. En effet, pour celui qui parle il n'y a pas d'unité phénoménale entre les gestes et les vécus extériorisés : il n'y a pas d'intention de signifier quelque chose. Ces signes n'ont pas en eux-mêmes de signification, ils n'en ont que pour qui les interprète comme indiquant tel état d'âme, bref comme indices.

Une expression a une *double face* : elle a une certaine réalité physique (son, lettre) et elle a une signification. La

question est donc celle du statut de la signification comme
telle. Afin de répondre à cette question, Husserl va en
quelque sorte faire varier l'expression et examiner
successivement l'expression communicative et l'expression
solitaire.

Dans le premier cas, on peut dire que celui qui parle
produit un discours dans l'intention de s'exprimer sur
quelque chose : il communique un sens à celui qui l'écoute.
On dira alors que les expressions fonctionnent comme
indices : elles renvoient aux pensées de celui qui parle.
Telle réalité, l'expression phonétique, motive la position
d'une autre réalité : le vécu psychique de celui qui parle.
Cette fonction indicative, Husserl l'appelle fonction de
manifestation. Dans le discours communicatif, l'expression
manifeste le vécu psychique de celui qui parle. On voit
que, dès lors que l'expression est conçue comme
manifestation, sa signification se confond avec le vécu
psychique de celui qui parle.

La question est donc : que les expressions puissent
avoir une fonction de communication, cela va de soi, mais
l'*expression* se confond-elle avec la *manifestation*? Ce
qui revient à demander : la *signification* de l'expression
se confond-elle avec le *manifesté*, c'est-à-dire avec le *vécu
psychique*?

L'examen du discours solitaire permet de trancher cette
question. Il est clair en effet que l'expression demeure
expression même en l'absence de relation de communication :
le discours signifie quelque chose même si personne ne
l'adresse, ne communique. On pourrait certes dire que,
dans la vie psychique solitaire, les mots prononcés
silencieusement sont pour moi l'indice de mes propres
vécus psychiques. Mais cela n'est pas tenable : lorsque

nous vivons dans la compréhension du sens d'un mot, nous voyons tout de suite que le rapport du mot à son sens n'est pas un rapport de motivation entre une réalité existante et une autre réalité existante, mais précisément un rapport d'expression. D'ailleurs, dans ce cas là, le discours n'est pas existant, il n'est même pas une réalité existante.

Il est donc clair que la signification de l'expression ne peut se confondre avec sa fonction de manifestation. Le rapport d'un discours avec son sens n'est pas le rapport entre sa réalité effective et l'état psychique de celui qui s'exprime. D'où une seconde distinction capitale.

b) *La signification (RL I, § 11, 29-31)*

La signification ne peut être confondue avec le vécu psychique effectif. Soit un énoncé géométrique (« la somme des angles d'un triangle est égale à deux droits »). On ne peut confondre *ce que* l'énoncé veut dire avec l'*acte* de juger qui est manifesté dans cet énoncé. Ce qu'énonce l'énoncé demeure identique, qu'il soit ou non énoncé (que sa valeur soit ou non reconnue), et quel que soit celui qui l'énonce. L'état de choses énoncé a une validité en soi. Il n'est pas divisé par les actes qui l'énoncent. Contrairement donc aux actes qui le visent, cet énoncé n'est rien de subjectif : il est précisément l'unité de la diversité des actes qui le visent. Autrement dit, la signification est, comme telle, *générale*. Elle est l'*unité idéale* d'une *diversité*, à savoir des moments correspondants au sein d'actes psychiques réels. Ajoutons enfin que cette généralité intrinsèque de la manifestation, que l'on saisit par différence avec les vécus subjectifs (ou les moments de vécus) correspondants, ne préjuge en rien de la généralité de ce qu'elle signifie : générales en elles-mêmes, les significations se divisent, quant aux objets, en générales et individuelles (l'homme/Bismarck).

c) *Signification et expression*
(RL I, § 9, 13-15 ; RL VI, § 1-12)

Ce qui est exprimé dans une expression peut désigner ce qui est manifesté, la signification elle-même, mais aussi l'objet visé dans la signification. On distingue la signification d'une expression et sa propriété de se diriger vers une réalité objective, bref de se rapporter à un objet. Mais ces deux moments sont intimement liés : une expression n'acquiert de rapport avec un objet que du fait qu'elle signifie ; on peut donc dire que l'expression désigne l'objet au moyen de la signification. C'est pourquoi Husserl peut écrire au § 15 : « C'est dans la signification que se constitue le rapport à l'objet. Par conséquent, employer une expression avec sens, et se rapporter par une expression à un objet (…), c'est là une seule et même chose » (*RL I*, t. II-1, p. 61).

Notons ici que cela revient à dire que la signification est intentionnelle, qu'elle vise l'objet. Or, la seconde distinction permet de comprendre cela : si la signification se confondait avec le vécu subjectif du signifier, nous resterions enfermés dans l'immanence de la conscience et le rapport à un objet deviendrait éminemment problématique. En distinguant la signification d'une expression du vécu qu'elle manifeste, Husserl la comprend d'emblée comme un certain rapport à l'objet.

Il faut cependant justifier la nécessité de distinguer signification et objet, c'est-à-dire de distinguer ce que signifie l'expression et ce sur quoi elle dit quelque chose. Cette distinction est justifiée par le fait que des expressions peuvent avoir le même objet et des significations différentes (le vainqueur d'Iéna, le vaincu de Waterloo) – ou bien la même signification et un rapport différent à l'objet.

Notons que le terme d'objet, ici et ailleurs, ne doit pas être entendu au sens étroit (cf. *RL I*, § 9 et 31 ; *Ideen I*, § 22), mais au contraire au sens le plus large, le plus formel. Husserl le définit comme « un quelque chose quelconque, comme sujet d'un énoncé vrai ». Il inclut non seulement des choses mais des états de choses, des propriétés, non seulement des individus mais des généralités, non seulement des matières mais des formes. C'est pourquoi Husserl propose d'utiliser le terme d'objectité (*Gegenständlichkeit*).

d) *Signification et intuition*
(RL I, § 9 ; RL VI, § 1-12)

La signification vise l'objet, mais elle le vise d'une certaine manière : en elle, l'objet n'est pas proprement présent, il est simplement visé. Je peux en effet penser quelque chose sans qu'il soit d'une manière ou d'une autre présent. Autrement dit, l'alternative, quant à l'expression, n'est pas entre le *flatus vocis* – le mot vide de sens – et la présence même de l'objet, comme si signifier ne pouvait vouloir dire que présenter. Une expression conserve son sens, et se rapporte donc à l'objet, sans qu'il soit présent : on pourrait même dire que le propre de la signification est de se rapporter à l'objet en son absence, de s'y rapporter à vide.

On peut donc distinguer l'acte donateur de sens, de l'acte remplissant le sens (*Erfüllung*) : dans ce dernier cas, la référence à l'objet, la visée est réalisée, car l'objet est alors présent (Levinas traduit *Erfüllung* par « réalisation »). Les *actes remplissant* le sens correspondent à l'*intuition* : celle-ci donne en effet l'objet lui-même, dans sa plénitude ; elle ne se contente pas de le viser, elle l'atteint. C'est donc au sein même de cette opposition que l'intuition doit être strictement définie :

– elle n'est pas une donation sensible exclusivement : il y a une intuition de l'essence ;

– elle ne désigne pas une donation immédiate : l'intuition, notamment eidétique, suppose des médiations ;

– elle désigne strictement un type d'acte possédant l'objet, en lequel l'objet est présent lui-même (cf. *Ideen I*, § 136) : elle est donc, rigoureusement et conformément à l'étymologie, un *voir*. Le voir suppose la présence de la chose même.

Ainsi, il faut distinguer, au sein des actes que nous appellerons « *objectivants* », c'est-à-dire *représentatifs*, donateurs d'un objet, deux classes : les actes *signitifs*, les actes *intuitifs*. Ces derniers se divisent en actes *présentatifs* (perception) et *représentatifs* (imagination, mémoire). Or, dans ces derniers, l'objet est bien également atteint, possédé, mais « en image ».

Qu'est-ce qui justifie cette distinction absolument topique ? La nécessité de concilier la découverte de l'intentionnalité avec la possibilité de la vérité. Si toute signification se rapporte à un objet, si toute visée se rapporte à un être, on voit mal quel sens peut avoir l'erreur comme inadéquation entre la pensée et l'objet. C'est pourquoi il faut distinguer les actes qui se rapportent à l'objet à vide et ceux qui le rendent présent. L'erreur correspond précisément à une signification qui ne peut être remplie. La vérité consistera dans l'*évidence*, c'est-à-dire dans le recouvrement entre l'acte signitif et l'acte intuitif. On peut dire, pour anticiper, que, saisie phénoménologiquement, la Raison doit être déterminée comme intuition, c'est-à-dire comme présence de l'être.

Ainsi, *signification* et *intuition* ne se distinguent pas comme enfermement dans l'immanence et rapport à la transcendance. Toutes deux se rapportent à l'objet – au même objet – et correspondent à des modes de donation distincts. Mais la différence des modes de donation n'est pas de degré, comme si l'intuition donnait clairement ce que l'acte signitif ne donnerait que confusément. Ce serait déjà se donner l'objet, selon des degrés de clarté. La différence concerne rigoureusement les *modes* de donation : dans un cas l'objet est visé, dans l'autre il est présent.

Une précision essentielle est toutefois nécessaire. Nous avions dit qu'il fallait distinguer la signification de l'objet, ce qui est compréhensible puisque, en elle, l'objet est absent. Mais on pourrait alors conclure que cela ne vaut pas pour les actes intuitifs, autrement dit que l'acte intuitif – étant présence de l'objet – ne s'en distingue pas, que le *contenu* de l'acte se confond avec l'*objet* lui-même. Il n'en est rien. Ce serait en effet négliger le fait que ce qui vient remplir l'acte signitif est encore un sens. Il y a comme une homogénéité requise par le remplissement : ce qui remplit doit en quelque sorte être de même nature que ce qu'il remplit. Un objet réel ne peut remplir une visée signifiante : seul un sens intuitif peut remplir un sens purement signitif.

Soit l'énoncé d'une perception « cet arbre (me fait face) » : il faut bien distinguer le contenu de l'énoncé et l'objet énoncé en lui. Autrement dit, en tant que l'acte remplissant vient remplir une expression, il est encore du côté de la signification et se distingue de l'objet. Husserl écrit en effet : « Nous devons, (…) dans les actes remplissants, distinguer de nouveau entre le *contenu*, c'est-à-dire entre ce qu'il peut y avoir en quelque sorte de signification dans la perception (…), et *l'objet* perçu »

(*RL I*, § 14, p. 58). Notons enfin que le recouvrement n'implique pas une dualité. Le contenu intuitionné peut constituer le contenu même de l'expression alors que l'expression a pourtant une signification :

« Dans l'unité de remplissement, ce "contenu" qui remplit se "recouvre" avec le contenu intentionnel, de telle sorte que dans l'acte de vivre cette unité de recouvrement, l'objet à la fois visé et "donné" ne nous est pas présent comme double, mais seulement comme *un* » (*ibid.*).

Au total, et conformément aux quatre distinctions que nous avons effectuées, lorsqu'on parle de ce qu'une expression exprime, c'est-à-dire du contenu exprimé, on peut désigner quatre aspects distincts :

a) tout d'abord, le contenu au sens subjectif, c'est-à-dire ce qui est manifesté par l'expression ;

b) ensuite, le contenu au sens objectif, que l'on peut lui-même entendre selon trois dimensions :

1. le contenu en tant que sens intentionnel, c'est-à-dire signification pure et simple ;

2. le contenu en tant que sens remplissant ;

3. le contenu en tant qu'objet, c'est-à-dire ce qui est nommé ou désigné par l'expression (cet objet peut être signifié ou présenté).

Une remarque, enfin. Ces distinctions ont été développées à partir d'une analyse de l'expression. La signification est apparue comme signification d'expression. Mais, en soi, il n'y a pas de relation nécessaire entre les significations et les signes auxquels elles sont liées. De même que les nombres – au sens idéal de l'arithmétique – ne surgissent ni ne disparaissent avec l'acte de numération, les significations « forment une totalité idéalement fermée d'objets généraux, par rapport auxquels le fait d'être pensés et exprimés est contingent » (*RL I*, § 35, p. 121).

e) *Conséquences*

Nous pouvons maintenant tirer les conséquences de cette analyse pour ce qui nous intéresse pour l'instant, à savoir la logique.

La logique a affaire au contenu théorique des sciences. Ce contenu théorique est constitué de concepts, de jugements, de raisonnements, c'est-à-dire de *significations* – unités idéales indépendantes de ceux qui les expriment et des conditions dans lesquelles ils les expriment. Une science est une complexion idéale de significations. Il faut donc en conclure que la logique doit être *la science des significations* comme telles.

Mais, en vertu de ce que nous venons d'exposer, de la dernière distinction que nous venons de faire, la logique doit aller dans une *double direction* : celle de la *signification* et celle du *remplissement* de la signification. (Cf. *RL I*, § 15 et 29.)

Lorsqu'on dit qu'une expression a un sens, on désigne en réalité deux choses distinctes, que les logiciens ont souvent confondues. D'une part, par opposition à l'absence de signification au sens strict, c'est-à-dire aux expressions auxquelles ne correspond aucune unité de signification (par exemple « Vert est ou »), on peut dire que l'expression de « carré rond » a un sens. D'autre part, une expression peut avoir un sens mais être d'une forme telle qu'aucune intuition ne peut venir la confirmer, bref qu'aucun sens ne peut venir la remplir. Il s'agit donc ici du rapport à l'objet, c'est-à-dire de l'impossibilité *a priori* d'un sens remplissant. L'expression « carré rond », en cette seconde acception, n'a pas de sens. En réalité, elle veut dire quelque chose, mais rien ne peut correspondre à ce qu'elle veut dire.

La confusion vient du fait que lorsque nous voulons savoir ce que signifie une expression, nous nous reportons aux cas dans lesquels elle exerce une *fonction actuelle de connaissance*, c'est-à-dire où son intention de signification se remplit d'intuition. Or, comme dans l'unité de remplissement l'acte de l'intention coïncide avec l'acte remplissant et fusionne avec lui, on est porté à croire que c'est seulement ici que l'expression parvient à acquérir une signification, confondant ainsi la signification avec l'intuition remplissante.

En réalité, donc, la logique recouvre deux dimensions, deux types de lois :

– d'une part, les lois qui, faisant abstraction des relations idéales entre intention de signification et remplissement de signification, par conséquent de la fonction de connaissance possible des significations, concernent les seules combinaisons des significations en de nouvelles significations ;

– d'autre part, les lois qui concernent les significations eu égard à leur rapport à l'objet ou à l'absence d'objet, en tant que cela est déterminé par la simple forme catégoriale des significations. À ces dernières lois correspondent naturellement des lois pour les objets en général.

D'où les deux étapes suivantes de notre analyse : la grammaire pure logique comme loi des significations, par différence avec l'ontologie formelle (2. Les significations) ; les lois de l'ontologie formelle, qui devront être saisies par différence avec les ontologies matérielles (3. Les essences). Nous rencontrerons alors la différence entre logique au sens prégnant et ontologie au sens strict.

2. Les significations
(RL III, chap. 1, RL IV)

Notre but est de déterminer des lois *a priori* de signification indépendantes de la validité objective – lois qui ont pour fonction de distinguer le *sens* du *non-sens*, c'est-à-dire les expressions douées de sens de celles qui ne le sont pas. Il s'agit donc des lois des formes possibles de signification.

La détermination de ces lois exige de faire la différence entre significations *dépendantes* et *indépendantes*. Ce qui revient à appliquer aux significations une distinction qui a d'abord été mise en évidence sur les objets dans la troisième *Recherche logique*. Cette distinction est décisive puisqu'elle permet une première fois de dégager le concept d'essence.

La différence entre contenu dépendant et contenu indépendant peut être abordée à travers la différence entre deux sens de la partie. En un sens très large – celui retenu par Husserl –, la partie désigne « tout ce qui est discernable dans un objet, tout ce qui est donné en lui ». Est partie tout ce que l'objet a, tout ce qui le constitue effectivement. « Rouge » ou « rond » sont des parties – mais non « existant » ou « quelque chose ».

Seulement, le sens courant du mot « partie » est beaucoup plus restreint : il désigne ce qui peut être séparé du tout, le « morceau ». Ainsi, cette différence correspond à celle entre parties indépendantes (sens restreint) et parties dépendantes (sens large). Cette différence apparaît dans l'empirisme (chez Berkeley, par exemple) dans le cadre de la critique des idées abstraites : il est impossible de former une idée abstraite, c'est-à-dire de séparer l'idée du mouvement de celle du corps mû.

Comment définir la différence entre ces deux types de parties ? Il ne suffit pas de dire que le contenu dépendant est tel que nous ne pouvons pas nous le représenter séparément – en tout cas tant qu'on n'a pas défini ce que signifie « ne pas pouvoir se représenter ». En effet, si je me représente le contenu « tête de cheval » – qui est un contenu séparable

– je me le représente inévitablement dans un contexte, il se détache sur un arrière-plan. Il se trouve qu'il n'est pas représenté isolément, car il est lié à d'autres contenus, *de fait.* Il faut donc définir ainsi la séparabilité :

« Séparabilité signifie seulement que nous ne pouvons maintenir ce contenu identique dans notre représentation, malgré une variation illimitée (arbitraire, qui ne soit interdite par aucune loi fondée dans l'essence du contenu) des contenus liés et, en général, donnés avec lui ; ce qui, à son tour, veut dire que ce contenu resterait inchangé par la suppression de tout ensemble quelconque de contenus donnés avec lui ».

On voit donc que puisque, *de fait*, ce contenu est donné avec d'autres, la *séparabilité* signifie la possibilité d'une variation arbitraire n'ayant aucune incidence sur le contenu lui-même. Il est important que cette variation soit illimitée – c'est-à-dire déterminée par aucune règle (non limitée) –, soit libre, arbitraire. En effet, il pourrait se produire qu'une variation dans certaines limites des contenus liés ne modifie pas le contenu concerné – alors qu'il serait en réalité inséparable.

Inversement, un contenu *inséparable* est tel que la variation de contenus donnés avec lui ne le laisse pas inchangé, que la suppression de ces contenus entraîne sa suppression. Par exemple, je ne peux faire disparaître l'étendue tout en maintenant la couleur et inversement : la couleur dépend, en son être, de l'étendue.

Ce qui est ici décisif, c'est que Husserl comprend cette inséparabilité comme une loi d'essence. On ne peut imaginer (penser) une couleur sans étendue. Cette impuissance ne doit pas être interprétée comme une limitation psychologique, subjective, telle que – quant à nous – nous ne pourrions nous représenter l'une sans l'autre.

L'impossibilité subjective révèle une nécessité objective. Je cite Husserl : « *Quand* (…) le petit mot de *pouvoir* apparaît en relation avec le terme prégnant de *penser*, ce que l'on vise par là, ce n'est pas une nécessité subjective, c'est-à-dire une *incapacité subjective* de ne-pas-pouvoir-*se-représenter*-autrement, mais une *nécessité idéale objective*, de ne-pas-pouvoir-*être*-autrement » (*RL III*, § 7, t. II-2, p. 21-22). Autrement dit, si on ne peut imaginer une couleur sans étendue, c'est qu'il est dans l'essence de la couleur d'être étendue. La conscience d'impossibilité révèle une loi d'essence, c'est-à-dire une condition de possibilité. Mais il faut déjà dire que, inversement, toute essence se révélera dans une conscience d'impossibilité au sein d'une variation : la définition de la dépendance et de l'indépendance donne la variation eidétique ; l'essence de quelque chose, c'est précisément ce dont on ne peut imaginer cette chose séparée, sauf au prix de sa disparition.

Comme le note bien Tran Duc Thao, Husserl renverse ici l'empirisme en quelque sorte sur son propre terrain. Pour Berkeley, il ne peut y avoir d'idée abstraite de la couleur ou de l'étendue, puisqu'elles ne peuvent être posées à part : il en concluait donc que *la* couleur se confond avec cette couleur singulière comme moment de cette chose colorée. Pour Husserl, s'il est impossible de se représenter une couleur sans une surface, c'est qu'il appartient à l'essence de la couleur de n'apparaître que sur une surface ; ce qui veut dire que *couleur* et *surface* sont des *idéalités pures*.

C'est pourquoi Husserl peut définir ainsi la *dépendance* : il y a une loi d'essence d'après laquelle l'existence d'un contenu de l'espèce pure de cette partie présuppose absolument l'existence de contenus de certaines espèces correspondantes. D'où : « *des objets dépendants sont des objets de telles espèces pures auxquelles s'applique la loi d'essence, d'après laquelle, si tant est qu'ils existent, c'est seulement comme parties de touts plus vastes d'une certaine espèce correspondante* » (*RL III*, § 7, p. 23).

(*Remarque.* Les essences dans lesquelles sont fondées les lois de dépendances sont des *essences matérielles*, par différence avec les *essences formelles* que nous rencontrerons plus tard.)

C'est cette analyse qui va être mise en œuvre pour les significations elles-mêmes.

– On appellera *indépendante* une signification quand elle peut constituer la signification pleine et entière d'un acte concret de signification. *Dépendante* quand elle ne peut être réalisée dans un acte concret de signification, c'est-à-dire quand elle ne peut acquérir de réalité qu'en connexion avec d'autres significations qui la complètent, quand elle ne peut exister que dans un ensemble de significations.

– Il suit donc de là que les significations sont soumises à des lois *a priori* qui régissent leurs combinaisons en de nouvelles significations. Nous ne pouvons enchaîner des significations dans n'importe quel ordre : nous n'aurions alors qu'un amas de significations dépourvues de sens. Si nous voulons produire une signification une, il faut enchaîner certaines significations selon un certain ordre.

Ces lois *a priori* ne renvoient pas bien sûr à la particularité des significations mais à leurs genres essentiels, c'est-à-dire aux *catégories* de la signification : telle catégorie de la signification peut s'articuler avec telle autre dans telles conditions. Ainsi : « cet arbre est vert » a un sens. « Cet arbre » peut être remplacé par n'importe quelle matière nominale et « vert » par n'importe quelle matière adjective. Mais on ne peut leur substituer une matière d'une autre catégorie. Si la phrase « Plus intense est ou bien » n'a aucun sens, c'est parce que les catégories de signification y sont *a priori* incompatibles.

D'où la *première tâche de la logique* : celle d'une *morphologie logico-grammaticale pure*, ou d'une *grammaire pure logique*. Étudier la structure des lois d'essence des significations, ainsi que les lois de l'enchaînement et de la modification des significations. Bref, dégager les formes primitives de significations (catégories) et les lois de leurs rapports respectifs. Ces lois nous garantissent contre le non-sens : elles déterminent les conditions auxquelles un énoncé a un sens, quoi qu'il en soit, par ailleurs, de la possibilité que lui corresponde un objet.

L'objection qui vient ici à l'esprit est de dire que les lois ne sont au mieux que l'expression de ce qu'il y a de commun à toutes les langues existantes. Mais Husserl prend soin de distinguer, au sein de la langue, une dimension empirique et une dimension apriorique. La langue n'a pas seulement des fondements physiologiques, psychologiques ou culturels-historiques, mais aussi des fondements aprioriques. On peut donc faire une grammaire universelle empirique, mais il n'en reste pas moins qu'il existe une armature idéale que toute langue respecte dès lors qu'elle est une langue, quels que soient les modes de réalisation empiriques de cette armature.

D'autre part, de ces lois grammaticales, il faut distinguer celles qui garantissent contre le contre-sens (l'absurde). Une expression peut être douée d'une unité signifiante (ce qui est absurde doit avoir un sens), mais telle qu'aucun objet ne peut – *a priori* – lui correspondre. Ces lois concernent donc la possibilité de l'existence d'objets signifiés, c'est-à-dire la possibilité d'un remplissement. « Elles déterminent ce qui vaut pour l'objet en général en vertu de la forme pure de la pensée, c'est-à-dire ce qui peut être énoncé de la valeur objective des significations indépendamment *a priori* de toute matière de l'objectité signifiée. » (Principe de contradiction. La partie est partie d'un tout, etc. Exemple : carré non carré.)

Ces lois régissent la *vérité formelle*, c'est-à-dire la *forme pure de l'objectivité* : ce qu'exige l'unité possible de l'objet. Ces catégories objectives formelles font l'objet d'une *ontologie formelle*. Ces lois sont *analytiques* et devront être distinguées des lois synthétiques *a priori* dont relèvent les eidétiques régionales. Husserl définit ainsi ces lois analytiques : « Nous pouvons (…) définir des *propositions analytiquement nécessaires* comme étant celles qui comportent une vérité pleinement indépendante de la nature concrète particulière de leurs objectités (…), ainsi que de la facticité éventuelle du cas donné et de la valeur de la position éventuelle d'existence » (*RL III*, § 12, p. 39). Ces lois font l'objet de la logique, elles sont logiques au sens fort et strict du terme.

Nous avons donc explicité la première tâche de la logique – en sa double dimension – telle qu'elle est annoncée à la fin des *Prolégomènes*. (Sur cette distinction, cf. *P*, § 67 ; *RL I*, § 15 ; *RL III*, § 11 et 12 ; *RL IV*, § 12-14 ; *Ideen I*, 10.)

Mais cette distinction nous conduit à expliciter l'opposition entre ontologie formelle et ontologie matérielle ou régionale, c'est-à-dire entre logique proprement dite et ontologie proprement dite (ou philosophie). C'est au sein de l'ontologie en général que l'on pourra mieux saisir l'ontologie formelle. Cette explicitation passe par l'explicitation de la notion d'essence, que nous avons vue à l'œuvre, explicitement dans la théorie de la dépendance et implicitement dans les *Prolégomènes*. Il s'agit donc d'expliciter ce qui est sous-jacent à toutes les thèses qui précèdent – et d'abord à la critique du psychologisme. C'est l'ontologie de la phénoménologie que nous rencontrons ici.

3. *Essences et ontologies*

Deux textes majeurs : *Ideen I*, section 1 ; *EJ*, section 3, chapitre 2.

Le dessein de Husserl est donc de thématiser ce qui était à la racine de sa critique du psychologisme, de donner un statut ontologique précis à cette idéalité qu'il distinguait, dès les *Prolégomènes*, de son appréhension dans un acte. Cette idéalité concernait, dans les *Recherches logiques*, la forme de la scientificité (en son double versant). Cette schématisation passe par un *élargissement* : l'essence logique – les relations essentielles que la logique atteint – n'est qu'une *région* de l'empire des essences.

Husserl l'introduit à partir du *fait*. Le fait est ce sur quoi portent les sciences issues de l'expérience, les sciences de la nature. Or, quel est pour nous le sens d'un fait ? Husserl répond : la *contingence*. Le propre du fait est qu'il pourrait ne pas occuper ce lieu et cette phase du temps. Mais l'appréhension de cette contingence suppose précisément celle d'une nécessité, celle de quelque chose de non facticiel – c'est-à-dire indépendant du lieu, du temps et des circonstances, dont le fait apparaît précisément comme une réalisation contingente. Si nous n'appréhendions pas l'essence en lui, le fait ne pourrait pas être saisi comme tel, c'est-à-dire comme contingent. Aussi Husserl peut-il écrire : « Un objet individuel n'est pas seulement quelque chose d'individuel, un "ceci là", quelque chose d'unique ; du fait qu'il a *"en soi-même"* telle ou telle constitution, il a sa *spécificité*, son faisceau permanent de prédicats *essentiels* qui lui surviennent nécessairement (…), de telle sorte que d'autres déterminations, celles-là secondaires et relatives, puissent lui échoir » (*Ideen I*, § 2, p. 17-18).

Notons tout de suite que l'essence n'est pas définie seulement comme quiddité, ce que la chose est (son *quid*), mais comme la condition nécessaire de possibilité de certaines déterminations : c'est ce sans quoi tels contenus disparaîtraient (par exemple la couleur d'une chose si on supprimait son étendue).

Tout ce qui appartient à l'essence d'un individu, un autre individu peut le posséder. Les généralités eidétiques suprêmes (par exemple la chose matérielle en général) viennent délimiter les régions d'individus. Or, l'essence peut être posée en idée, faire l'objet d'une *intuition*. L'intuition empirique (de l'individu) peut être convertie en vision de l'essence et cette possibilité est elle-même *eidétique*, c'est-à-dire recouvre une *loi d'essence*. Il y a donc une communauté radicale entre intuition de l'essence et intuition de l'individu : « *L'intuition des essences elle aussi est une intuition* et l'objet eidétique lui aussi un objet » (*Ideen I*, § 3, p. 21). On le sait, l'intuition empirique atteint l'objet de manière originaire, dans sa chair. De même, l'intuition de l'essence est conscience d'un quelque chose qui est donné *en personne* dans cette intuition.

Notons ici la solidarité profonde du thème de l'intuition et de la détermination de l'essence comme une réalité positive, comparable à l'individu sensible. En effet, tout acte intuitif ne porte pas sur une perception : de nombreux actes signitifs visent des généralités (le triangle). Or, à certaines conditions, que nous avons vues, ces actes signitifs peuvent être remplis par une intuition. Mais l'intuition en tant que voir a nécessairement pour corrélat un *objet*, une *réalité positive* : c'est pourquoi la généralité visée par l'acte signitif se réalise sous forme d'*essence*. Le thème de l'essence est appelé par la problématique de l'intuition comme sens véritable de la raison. C'est cette solidarité et donc ce parallèle entre intuition perceptive et vision de l'essence que Merleau-Ponty dénoncera dans *Le Visible et l'Invisible*.

Cependant, la possibilité d'une intuition de l'essence ne signifie pas que l'on pourrait aller droit à l'essence sans en passer par l'individu.

« [L]'intuition de l'essence a ceci de particulier qu'elle suppose à sa base une part importante d'intuition portant sur l'individu, à savoir qu'un individu apparaisse » (*Ideen I*, § 3, p. 23). Cette dépendance est d'ailleurs réciproque : pas d'intuition de l'essence sans intuition de l'individu, c'est-à-dire sans conscience d'exemple ; mais pas d'intuition de l'individu sans qu'on puisse tourner le regard vers l'essence correspondante. L'intuition de l'essence est un *acte fondé* (*RL VI*, § 48-52).

Comment, dès lors, l'essence est-elle précisément obtenue à partir de l'individu? Par la méthode dite de *variation*.

Trois étapes de la méthode de variation

1. Cette variation prend pour point de départ un fait, un individu – par exemple tel son –, que Husserl nomme le « *modèle* ». On va faire varier l'individu, c'est-à-dire *l'imaginer autre*. Notons d'abord que la variation se distingue de l'*altération*. Dans celle-ci, un même individu donné se transforme dans la durée (dans l'altération nous restons au plan du fait). La variation consiste à abandonner le modèle initial en imaginant un autre individu, un autre son. L'imagination joue ici le rôle décisif (elle est, dira Husserl quelque part, l'*élément vital* de la phénoménologie).

Supposons en effet que je m'en tienne à des variantes données empiriquement : j'obtiendrais une *espèce*, commune à ces individus. Or, cette espèce demeurera contingente puisque tributaire des individus contingents en nombre fini dont elle procède. Cette espèce ne peut prescrire une nécessité *a priori* pour tous les individus possibles : il pourrait se produire que le cours de l'expérience, c'est-à-dire de nouvelles variantes empiriques, vienne biffer, contredire la généralité.

Le recours à l'imagination permet de se libérer de la facticité empirique : elle est un « saut » dans le possible, c'est-à-dire déjà dans l'essence. Mais il faut que cette imagination soit pure, c'est-à-dire qu'elle ne demeure pas secrètement tributaire d'une possibilité empirique : je pourrais par exemple me contenter des sons d'un monde, c'est-à-dire pouvant effectivement être entendus par des hommes vivants sur terre. L'imagination doit ainsi se libérer de toute référence à la facticité. Elle va donc multiplier – de manière totalement arbitraire – les variantes imaginaires du modèle initial. On produit ainsi, dit Husserl, une *infinité ouverte* de variantes. Cela ne signifie pas qu'il soit nécessaire de parcourir effectivement toutes les variantes possibles, mais que la multiplicité des variantes parcourues est ouverte à l'infini par la structure d'arbitraire présidant à la variation : l'arbitraire de l'imagination vaut pour l'infini ou ouvre la série à l'infini. En passant arbitrairement d'une variante à l'autre, je fais un « saut » dans l'infini car j'ai conscience alors d'un « ainsi de suite », c'est-à-dire du fait que ce qui a varié demeurera le même, quel que soit le nombre de variantes envisagé. En quelque sorte, l'arbitraire de l'imagination pure *anticipe* d'emblée sur toute nouveauté qui pourrait surgir au sein de variantes futures : la variante imaginée concentre par avance le spectre des variantes effectivement productibles. En d'autres termes, *l'absence de limitation* qui caractérise une imagination pure, non réglée, équivaut à *l'illimitation d'une série infinie*.

Ainsi le saut dans l'imaginaire comme saut dans l'infini est déjà accès à l'essence en tant que celle-ci vaut pour l'infinité des exemplaires possibles. Donc, premier moment : production d'une multiplicité de variantes.

2. Si la conscience en restait à la dernière variante imaginée, l'essence serait inaccessible. La multiplicité est saisie ou plutôt *retenue* comme telle à travers un « garder-en-prise » des variantes passées. Comme l'écrit Husserl : « Dans ce passage d'une image dérivée à une autre, d'un analogue à l'autre, toutes les singularités arbitraires (…)

accèdent à un recouvrement par glissement et entrent de façon purement passive en une unité synthétique dans laquelle elles toutes apparaissent comme modifications les unes des autres » (*EJ*, § 87 *c*, p. 417). Si on décompose le mouvement, cela donne ceci : dès lors que je « garde en prise » les variantes qui s'écoulent, les nouvelles semblent sortir des précédentes – comme leurs modifications. Mais, par là même, dans ce processus continu, toutes apparaissent comme variations d'un même : leur variation dessine en filigrane l'identité de ce qui varie. Ce qui veut dire que l'*eidos* est ici *préconstitué* passivement et l'intuition de l'*eidos* reposera sur la saisie active de ce qui est ainsi préconstitué.

(*Remarque.* Si l'essence suppose cette temporalité, peut-il y avoir une essence du temps ?)

3. On l'a vu, la variation fait paraître un même. Cela signifie que la congruence, c'est-à-dire l'*eidos* de la série émerge en quelque sorte des différences. Soit une variation qui nous fait passer d'une figure ronde à une figure anguleuse : il y a ici conflit entre les variantes. Or, l'appréhension même du conflit comme tel présuppose la saisie de quelque chose de commun ; le rond et l'anguleux ne pourraient entrer en conflit s'ils n'étaient pas tous deux des figures étendues.

Ainsi, pour Husserl, il n'y a pas de différence pure, il n'y a de différence que sur fond d'identité. On comprend alors le rôle de la variation : la production des différences est production de l'identité qu'elles présupposent. L'*eidos* émerge au sein des différentes variantes comme l'élément commun qui en est la condition. L'intuition de l'essence consiste à faire ressortir activement le congruent qui était implicitement sous-jacent aux différences. Ce qui veut dire que l'essence est *à la fois* au commencement et à la fin : elle apparaît au terme de la variation comme ce qui fondait d'emblée la possibilité de la variation.

On voit dès lors la différence entre *variation eidétique* et *induction* et, partant, entre essence et généralité. L'essence n'est pas obtenue par induction à partir des caractères communs aux objets : il pourrait se produire que tel caractère commun soit présent et non *essentiel* (souvenons-nous de l'analyse des contenus indépendants, inséparables de fait mais séparables en droit). Si l'on reprend la première définition des *Ideen*, on voit que l'essence exprime une *nécessité*. Ce sont les *prédicats* que l'objet doit posséder pour posséder d'autres prédicats : c'est donc ce qui ne varie pas dans la variation et fonde la possibilité de chaque variante en ses traits propres. On a donc affaire ici à une *nécessité* qui n'est ni celle, purement analytique, de la logique formelle, ni celle procédant d'une généralité empirique. La connaissance de l'essence donne accès à des *lois synthétiques a priori*. L'essence apparaît donc comme une structure *a priori* sans laquelle l'objet ne pourrait pas être ce qu'il est : elle est condition de possibilité de l'existence de l'objet.

On pourrait donc dire que Husserl dépasse ici l'alternative entre Leibniz et Kant. La sphère de l'*a priori* (formel ou matériel) comme condition de possibilité de l'existence est elle-même une réalité positive : les structures *a priori* des objets sont elles-mêmes des objets accessibles à l'intuition. Les essences sont *ce sans quoi* les objets ne peuvent être pensés et, par là même, ce sans quoi ils ne peuvent être : la condition de possibilité de la connaissance est condition de possibilité de l'être, ce qui veut dire qu'elle est elle-même une composante de l'Être. Finalement,

Husserl ne peut dépasser le psychologisme, même transcendantal (Kant, cf. *Prolégomènes*), qu'en réalisant l'*a priori* sous forme d'essence. Or, on peut se demander si, inversement, le refus de réaliser l'*a priori* conduirait nécessairement au psychologisme. N'est-ce pas le sens de la phénoménologie transcendantale ?

Ainsi, il y a des *sciences de l'essence* qui mettent au jour le fond eidétique de tel individu ou de tel type d'individus. Il faut distinguer les sciences pures de l'essence (logique, mathématique pure, théorie pure du temps), dans lesquelles l'expérience ne joue aucun rôle (quand l'expérience intervient, ce n'est pas en tant qu'expérience), des sciences de la nature : dans celles-ci, le fondement est une expérience qu'aucune fiction ne peut venir remplacer.

Or, si une science eidétique ne peut incorporer des résultats issus des sciences empiriques, celles-ci, au contraire, exigent une *connaissance eidétique* – à la fois *formelle et matérielle*. La science galiléenne repose sur la découverte de l'*eidos* de la chose physique ; une ontologie des émotions suppose d'abord de déterminer l'essence de l'émotion. (Finalement, reconnaissance au sens platonicien.)

Les sciences de l'essence sont de deux types (cf. *Ideen I*, § 10-13).

Tout objet empirique s'intègre, par le biais de son essence matérielle, à un genre matériel suprême, c'est-à-dire à une essence régionale pure, qui fait l'objet d'une ontologie régionale, science qui dégage *les fondements théoriques essentiels* de toute science portant sur des faits de cette région. Par exemple, à toutes les sciences de la nature correspond la science eidétique de la nature physique en général. L'essence *matérielle* est obtenue par *variation*.

Mais, en tant qu'objet, l'objet matériel est tributaire des déterminations de l'objectivité en général – de ce que Husserl nomme une proto-objectivité (*Urgegenständlichkeit*). Ces déterminations de l'objectité comme telle, abstraction faite de tout contenu, font l'objet de ce que Husserl appelle l'*ontologie formelle* – qui constitue, on le sait, le second versant de la logique pure. Mais il ne faut pas entendre par là que le rapport de la région matérielle à la région formelle serait identique au rapport de telle espèce à la région matérielle. En effet, les seules essences authentiques sont les essences matérielles. L'essence formelle (relation, groupe, ordre, propriété) est une essence *vide* qui convient à toutes les essences possibles : ce n'est pas une région mais la forme vide de région ; et l'ontologie *formelle* contient *les formes de toutes les ontologies possibles* puisqu'elle prescrit les conditions auxquelles un quelque chose est un quelque chose (l'objet *pensable* non donné individuellement). Ainsi, au niveau *matériel*, on a affaire à un rapport de *genre à espèce*, qui doit être distingué du rapport de matière à forme. Dans un cas, on *spécifie*, dans l'autre, on *remplit*, on confère une matière. Bref, dans le premier cas, l'essence détermine les conditions de possibilité d'un *individu empirique* ; dans l'autre, on fait abstraction des faits pour dégager les conditions de possibilité de l'*existence en général*, du *quelque chose*.

Enfin, si la région formelle détermine des vérités analytiques, la région matérielle détermine des vérités synthétiques *a priori*. Au total, il faut distinguer trois niveaux : *a)* la théorie pure des significations ; *b)* l'ontologie formelle ; *c)* l'ontologie matérielle. (En distinguant ces niveaux, nous ne quittons pas la logique. La tâche qui reste à accomplir est celle de la constitution des ontologies régionales.)

On ne peut éviter la question du *statut ontologique* de l'essence qui, nous le verrons, sera en jeu au niveau de la phénoménologie transcendantale. Mais, ce qui est certain, c'est que l'essence doit être exempte du reproche de « réalisme platonicien » (*Ideen I*, § 22). Ce reproche repose sur la confusion entre l'objet et l'objet naturel, la réalité et la réalité naturelle. Dans ce cas, en effet, l'essence devient un existant au sens de la chose mondaine, ce qui est absurde et inadmissible. Mais si l'objet n'est autre que le « sujet d'un énoncé vrai », c'est-à-dire finalement ce dont on peut dire quelque chose, ce reproche n'a plus aucun sens. La note « do » ou le nombre 2 sont des objets, c'est-à-dire sont pensables.

Ainsi l'essence *n'existe pas* et cependant elle *est* un *objet*. Comme le montre bien Ricœur, Husserl veut concilier le caractère *intuitif* de la connaissance eidétique avec le caractère *non-mondain* de son *objet*. Si bien que l'intuition eidétique et sensible sont analogues en tant qu'*intuitions*, alors que le *mode d'être* de leur objet est différent.

Ce reproche de réalisme platonicien repose lui-même sur une autre confusion, typiquement psychologiste, entre ce qui est pensé et l'acte psychique qui l'atteint. En effet, l'objet pensé étant confondu avec l'acte, parler d'objet à propos des essences ne peut plus vouloir dire que leur *existence mondaine*. Or, pour Husserl, l'objectité de l'essence correspond à ce qui est pensé en tant que distinct de l'acte.

On peut mentionner au moins trois ordres de problèmes, qui sont évidemment connexes.

1. La première difficulté est énoncée par Lothar Elay et reprise par Patočka. On a vu que le fait était déterminé

comme *contingence*, c'est-à-dire comme « pouvoir être autrement » (c'est-à-dire « ailleurs », « plus tard », etc.). Corrélativement, la *nécessité* désigne la relation du fait à une généralité eidétique. *Cf.* § 6 des *Ideen I* : « Toute particularisation et toute individuation eidétique d'un état de chose doté de généralité eidétique (…) s'appelle nécessité d'essence » (p. 29). Autrement dit, la nécessité désigne la présence de l'espèce au sein de l'individu, la contingence la différenciation de l'espèce par l'individu.

On voit que, en déterminant ainsi la relation entre fait et *eidos*, on reste dans le cadre de l'*eidos* ; c'est-à-dire qu'en définissant le fait comme contingence, on projette par avance en lui l'essence puisque la contingence renvoie à une nécessité, à une généralité eidétique dont le fait est alors la réalisation. En définissant le fait comme mode d'actualisation spatio-temporelle, on se donne un invariant, dont ce fait est précisément l'actualisation, c'est-à-dire un cas possible. Or, il n'est pas inévitable de définir la facticité par la contingence ; on pourrait la ressaisir comme existence naturelle ou corrélat d'une *thèse d'existence*.

On peut ressaisir cette difficulté sous un autre angle. Dans *Expérience et Jugement*, Husserl écrit : « *L'idée de différence* ne peut donc être comprise que *dans son enchevêtrement à celle de l'élément commun identique qu'est l'eidos* » (*EJ*, § 87 *e*, p. 421). Autrement dit, il n'y a pas de différence pure : toute différence apparaît sur fond d'une unité supérieure (la figure pour le rond et l'anguleux). On voit à nouveau que cette affirmation revient à saisir la facticité, c'est-à-dire la différence, dans le cadre de l'*eidos* – et non pas en tant qu'existence. Car l'existence n'est pas un prédicat. Autrement dit, la thèse d'existence à laquelle le fait correspond est une différence pure qui ne renvoie à aucune unité ni identité, puisqu'elle n'est pas différence au sein d'un genre mais différence *par rapport à l'ordre même du genre*. Ceci nous conduit à la seconde difficulté.

2. On l'a vu, la variation eidétique prend pour point de départ un modèle, un individu factuel, qu'elle convertit en son essence. Or, toute la question est de savoir si, dès lors que l'on part du fait, il est possible d'accéder à l'essence. En effet, la réduction eidétique exige, pour se déployer, un sol de facticité qu'elle ne peut résorber : elle le transcende par l'imagination, mais l'essence qu'elle rejoint n'est pas l'être de ce fait, elle n'en épuise pas la réalité. C'est ce que note Merleau-Ponty dans *Le Visible et l'Invisible* : « L'inventaire des nécessités d'essence se fait sous une supposition (la même qui revient si souvent chez Kant) : si ce monde doit exister pour nous, ou s'il doit y avoir un monde, ou s'il doit y avoir quelque chose, alors il faut qu'ils observent telle et telle loi de structure. Mais d'où tenons-nous l'hypothèse, d'où savons-nous qu'il y a quelque chose, qu'il y a un monde ? Ce savoir-là est au-dessous de l'essence, c'est l'expérience dont l'essence fait partie et qu'elle n'enveloppe pas [1]. » Autrement dit, la réduction eidétique demeure un geste empirique, intramondain : elle prend appui sur le fait et ne peut donc totalement le transcender ; elle a besoin de la positivité du fait, positivité non-eidétique, afin de le nier. L'invariance eidétique renvoie à une invariance d'un autre ordre.

Bien sûr, nous avons le pouvoir de prendre du champ vis-à-vis de l'individu factuel, c'est-à-dire de l'imaginer autre. On peut donc dégager des nécessités eidétiques sans

---

1. M. Merleau-Ponty, *Le Visible et l'Invisible*, Paris, Gallimard, 1964, p. 147.

lesquelles telle chose ne pourrait être. Mais l'erreur de Husserl est de passer du « ce sans quoi » au « ce par quoi » : par exemple, qu'il n'y ait pas de chose matérielle sans spatialité ne signifie pas que la spatialité épuise l'être de la chose matérielle. Autrement dit, l'essence demeure une détermination de fait, le possible une « variante » du réel.

C'est pourquoi Merleau-Ponty note qu'une essence pure, non contaminée par la facticité, exigerait une variation totale, infinie, c'est-à-dire en effet un « saut » hors du monde [1]. Or, c'est ce que Husserl, en un sens, reconnaît. Il écrit, à propos de l'imagination, que « [l]es réalités doivent être traitées comme des possibles parmi d'autres, en fait comme des possibles arbitraires de l'imagination. Cela ne se produit que lorsque toute liaison à une réalité pré-donnée est effectivement exclue avec le plus grand soin » (*EJ*, § 89, p. 426). Ainsi, les sons imaginés ne doivent pas être des sons du monde, susceptibles d'être entendus par des hommes vivant sur terre.

Il me semble donc qu'il y a une contradiction chez Husserl entre l'acte de variation, qui exprime la nécessité d'un point d'appui mondain, et l'obtention d'une essence pure, qui exige de transcender toute facticité et dispense d'une variation. La référence à la facticité qu'exprime la variation est contredite par son résultat.

On voit que ce qui est finalement en jeu ici, c'est le statut de l'imagination, en sa double dimension : de liberté par rapport au donné, que Husserl accuse, et de dépendance par rapport au donné, que Merleau-Ponty, quant à lui, met en avant. L'imagination peut-elle transcender le monde ou n'est-elle pas nécessairement inscrite en lui ? Le style du monde serait alors l'ultime *a priori*.

---

1. *Ibid.*, p. 150.

Ceci nous conduit à une dernière remarque, qui concerne le statut ontologique de l'essence.

3. Husserl prend soin de préciser, nous l'avons vu, qu'il est exempt du reproche de réalisme platonicien – reproche qui procède d'une confusion entre objet et objet naturel. Cependant, peut-on concilier vraiment le caractère intuitif de l'accès à l'essence et l'affirmation de sa non-mondanéité ? En effet, c'est seulement si on entend par mondanéité le donné empirique, la réalité naturelle, que l'on peut suivre Husserl. Mais il y a un sens plus général de la mondanéité qui est la positivité substantielle, le mode d'existence ontique. Ainsi, dès lors que l'essence fait l'objet d'une intuition, elle est précisément un objet positif, qui vient remplir, par sa positivité, la visée. En cela, la mondanéité est reconduite à un niveau eidétique, c'est-à-dire ontologique. Or, n'est-ce pas là une insuffisance majeure ?

En effet, cela revient à penser l'être du monde à partir de l'intra-mondain, à déterminer l'être de ce qui est sur le mode ontique. En cela, en vertu de cette positivité inhérente à l'intuitionnisme, Husserl tomberait bien sous le coup de l'accusation de réalisme (platonicien).

L'univers de l'essence n'est pas univoque : il faut, selon Husserl, distinguer deux catégories d'essence. (Références : *RL III* et *Ideen I*, § 74.)

Cette distinction est appelée par la tentation de comprendre toute science eidétique sur le modèle de celle qui s'impose de prime abord comme exemplaire, à savoir les mathématiques et, pour ce qui est de l'eidétique matérielle, la géométrie ; elle permet d'endiguer cette tentation.

Dans le cadre d'une caractérisation de la phénoménologie, qui est celui des *Ideen*, comme *théorie descriptive*, cette distinction répond à un *problème : comment une eidétique descriptive est-elle possible* ? N'est-ce pas là une absurdité ? (Cf. *Ideen I*, § 71.) On voit que cette question présuppose une détermination de l'eidétique sur le modèle des mathématiques, qui ne sont pas des sciences descriptives mais déductives.

La question est donc finalement la suivante : le passage au plan de l'*eidos* ne nous fait-il pas pénétrer dans une région *idéale*, absolument déterminée en laquelle se perd, se dissout la réalité concrète en son indétermination ? La réponse de Husserl consiste à distinguer deux types d'essences. Cette distinction au niveau de l'essence correspond à une distinction entre des types de concepts, renvoyant elle-même à des types de sciences différents.

1. Les sciences descriptives utilisent des concepts qu'on appellera *morphologiques* ou *inexacts*. Ces concepts sont vagues, non déterminés. Ce qui veut dire qu'il peut y avoir une fluctuation au niveau des réalités auxquelles ils correspondent, c'est-à-dire de leur champ d'application. La figure de l'arbre, par exemple, n'est pas exacte au sens de la géométrie – et cependant il peut y en avoir un concept (on dira « étoffé », « gracile », « sinueux », « altier »...). Comme le note Husserl dans les *Ideen*, la géométrie la plus parfaite ne peut aider le savant qui veut décrire la nature en lui proposant des concepts géométriques, puisque ce savant exprime parfaitement ce qui est en question par des mots comme « dentelé », « entaillé », « en forme d'ombelle ». Ce sont des concepts qui épousent la réalité perçue, en sa structure propre, et avec le flou qui la caractérise. Ce qui veut dire que leur inexactitude n'a, en aucun cas, une signification *négative* : elle n'exprime pas une impuissance intellectuelle ou un écart par rapport à

une détermination plus parfaite. Leur inexactitude est *essentielle* (dit Husserl) en ce qu'elle correspond au domaine considéré.

À ces concepts morphologiques correspondent des essences morphologiques ou inexactes. Elles sont issues, dit Husserl, « sans intermédiaire de la simple intuition » (*Ideen I*, § 74, p. 237). Ce qui veut dire qu'il s'agit d'essences perceptives, d'essences régissant le perçu. Ces essences procèdent d'un acte d'*idéation* (cf. *RL III*).

2. Aux sciences descriptives s'opposent les sciences déductives (caractérisation dans *Ideen I*, § 72). Or, l'une des conditions auxquelles doivent satisfaire les concepts d'une telle science est l'*exactitude*. Ces concepts exacts sont déterminés de manière univoque, sans le moindre flou, ni la moindre indétermination. L'exemple en est l'ensemble des concepts géométriques. Or, il s'agit de concepts *idéaux* : « ils expriment – dit Husserl – quelque chose qu'on ne peut "voir" » (§ 74, p. 236).

À ces concepts correspondent des essences *exactes* qui ont le caractère d'« *idées* » au sens kantien. Ainsi l'idéalité renvoie ici à l'idée kantienne – c'est-à-dire à une *limite* idéale vers laquelle tendent des réalités, qui en sont chacune comme des degrés d'accomplissement. Ainsi, les essences morphologiques manifestent toutes un même type dont elles se rapprochent plus ou moins, vers lequel elles tendent donc, sans jamais l'exhiber. Cette limite idéale n'est jamais donnée positivement, c'est-à-dire ne peut faire l'objet d'une intuition donatrice originaire : elle est en quelque sorte saisie en creux comme ce qui est indiqué, sur le mode du manque, au sein de l'essence morphologique. Par exemple, le cercle au sens géométrique ne peut jamais être vu (pour reprendre l'expression de Husserl), c'est-à-dire ne peut être saisi directement au sein des données intuitives : il est la limite idéale vers laquelle tendent les essences morphologiques du type arrondi, incurvé, etc.

Ainsi, les essences exactes procèdent d'un acte d'*idéalisation*, c'est-à-dire de dépassement des essences descriptives vers le type idéal qu'elles réalisent imparfaitement. On voit donc que les essences exactes des sciences déductives renvoient aux essences inexactes issues de la perception. On comprend d'autre part la confusion qui est à la racine du refus d'une eidétique descriptive : elle est précisément confusion entre l'*idéation* qui est à la source de l'intuition eidétique avec l'*idéalisation* qui est à la source des essences mathématiques. Or, le passage de l'individu concret à son essence ne doit pas être assimilé au passage d'un indéterminé à une épure : l'essence elle-même peut comporter une dimension d'indétermination.

Remarques

a) Notons ici, en nous inspirant de Levinas, que c'est peut-être cette confusion qui est à l'œuvre dans l'opposition bergsonienne de l'intuition et de l'intelligence. Le passage à l'idéation ne signifie pas nécessairement le passage à l'ordre de la quantité et de la mesure, c'est-à-dire de l'espace : au sein même de l'idéalité peuvent être retenus la concrétude, l'indétermination, le caractère fluctuant du réel. L'essence que critique Bergson est en réalité l'essence exacte, géométrique, et son tort est de faire de l'essence exacte le modèle de toute essence. Cela signifie *inversement* que la coïncidence avec le réel, l'immersion dans le concret n'a plus pour prix – contrairement à ce que Bergson tendait à penser – la négation de la généralité et du langage. L'essence morphologique est concrète en tant que

morphologique et générale en tant qu'essence. Le mérite
de Husserl est ici de nous faire apercevoir le caractère
abstrait des antithèses bergsoniennes : pour Husserl, en
effet, au moins au niveau de l'essence morphologique,
l'intellect comme rapport à l'idéalité et la fidélité à la chose
en sa concrétude ne font pas alternative [1].

b) Cependant, à y regarder de plus près, le mouvement
de pensée de Husserl est ici plus complexe et problématique
qu'il n'y paraît. Le mérite de Husserl est incontestablement
de reconnaître une forme de scientificité autre que déductive,
une scientificité descriptive conciliant idéalité et rapport
au concret. Par là même, Husserl reconnaît le caractère
subordonné de la science proprement dite (qui porte sur
des essences exactes) vis-à-vis de l'intuition et, plus
précisément, de la *perception*.

Seulement, d'autre part, les essences morphologiques
sont qualifiées d'essences *inexactes*. Si leur inexactitude
est essentielle, il n'en reste pas moins qu'elle est conçue
comme *écart vis-à-vis d'un type idéal*. Autrement dit, les
essences perceptives sont d'emblée saisies par référence
à l'exactitude mathématique, dans l'horizon de l'idéalité
géométrique.

Si, d'un côté, l'essence exacte est subordonnée à
l'essence inexacte, dans l'ordre *génétique* de la fondation,
d'un autre côté, l'essence inexacte est subordonnée à
l'essence exacte dans l'ordre de la *détermination*, c'est-à-
dire dans l'ordre essentiel.

Or, nous en trouvons une confirmation frappante dans
la *Krisis*, § 9 *a* – paragraphe qui concerne la mathématisation
galiléenne de la nature. Il s'agit de distinguer l'espace de

1. *Cf.* E. Levinas, *Théorie de l'intuition dans la phénoménologie de
Husserl*, Paris, Vrin, 1994, p. 173, 201 et 218.

la géométrie des formes spatiales de la « réalité d'expérience ». Husserl note que, dans le monde ambiant de l'intuition, lorsque nous dirigeons le regard sur les pures formes spatio-temporelles, nous faisons l'expérience de *corps*. Or, ajoute-t-il, « [q]uelque variation arbitraire que nous puissions leur faire subir en pensée par l'imagination, les libres possibilités que nous obtenons ainsi et qui sont en un certain sens des possibilités "idéales" ne sont rien moins que des possibilités relevant de l'idéalité géométrique » (p. 29). Apparaît ici l'idée d'une scission – quant au sens – entre l'essence ou le possible de l'expérience et l'essence géométrique. Par là même, Husserl serait en voie de reconnaître une originalité du paraître vis-à-vis de l'idéalité scientifique, de la spatialité phénoménale, par exemple, vis-à-vis de la géométrie.

Mais Husserl ajoute aussitôt : « L'imagination ne peut que changer des formes sensibles en d'autres formes sensibles. Et de telles formes sensibles ne sont pensables, que ce soit en réalité ou par imagination, que dans une *gradualité* : celle du plus ou moins droit, du plus ou moins plan, du plus ou moins circulaire, etc. Les choses du monde ambiant intuitif se tiennent d'une façon générale, et pour toutes leurs propriétés, dans une certaine oscillation *autour du type pur* » (*ibid.* ; je souligne).

Il apparaît clairement ici que la différence entre perception et science – essence morphologique et essence exacte – est subordonnée à leur *unité* au sein de la science, ou plutôt que l'écart de la perception à la science est dérivé vis-à-vis de l'appartenance du monde perçu à l'horizon de l'idéalité géométrique. Il est vrai qu'il y a une *différence* – celle de l'exact à l'inexact, de la limite idéale à la forme sensible –, mais cette différence joue à l'intérieur d'un *même horizon de sens*, qui est donné par l'idéalité mathématique. Autrement dit, le retour de la science à la perception, sur le mode d'un rapport de fondation, s'effectue sous la domination de l'idéalité scientifique, c'est-à-dire dans la dépendance vis-à-vis de ce que la perception est censée fonder (l'angle est plus ou moins droit). Bref, la différence du perçu ne peut recouvrir une autonomie eidétique[1].

Apparaît ici une tension, qui traverse finalement toute l'entreprise husserlienne, entre un souci de critique de l'idéalité scientifique comme sens ultime du réel et une soumission à cette idéalité ; tension entre le souci de mettre au jour le primat et l'autonomie de la perception vis-à-vis de l'idéalité scientifique et, d'autre part, la subordination de la figure du perçu à cette idéalité, c'est-à-dire à l'exactitude.

On pourrait comprendre le recours à l'idée au sens kantien comme l'expression de cette tension, et cela, nous le verrons, dans tous les domaines où elle fait son apparition. En pensant la relation de l'essence inexacte à l'essence exacte sur le mode téléologique, Husserl concilie leur différence avec leur identité : l'essence inexacte ne se distingue de l'essence exacte que comme la réalisation imparfaite se distingue du type parfait. Au sein du règne de l'idéalité pure, la téléologie creuse un *écart* en quelque sorte minimal, celui de la forme inaccomplie vis-à-vis du *telos*.

On voit dès lors l'objection à laquelle Husserl s'expose : celle de n'avoir pas su reconnaître la spécificité eidétique, c'est-à-dire la différence véritable du perçu vis-à-vis de

1. *Cf.* G. Granel, *Le Sens du Temps et de la Perception chez E. Husserl*, Paris, Gallimard, 1968, p. 201-211.

l'univers des essences exactes, de n'avoir pas su décrire positivement ce qui n'appartient pas à cet univers d'exactitude.

En effet, cette référence téléologique de l'essence morphologique vis-à-vis de l'essence pure ne va pas de soi dès qu'on quitte le domaine de l'espace. Comme le note Husserl lui-même en effet : « Nous sommes si accoutumés à l'échange quotidien entre la théorie apriorique et l'empirie, que nous sommes habituellement enclins à ne pas séparer l'espace et les formes spatiales dont parle la géométrie, de l'espace et des formes spatiales de la réalité-d'expérience, comme s'il y avait là quelque chose d'univoque » (*Krisis*, § 9 *a*, p. 29). Autrement dit, nous tendons à décrire l'espace vécu à partir de l'espace géométrique et Husserl n'échappe finalement pas à cette tendance qu'il dénonce pourtant.

Mais si nous passons au plan des qualités sensibles – par exemple de la couleur –, les choses changent complètement. Notons au passage que cette distinction même entre forme et couleur, qualités premières et secondes, est déjà tributaire de l'idéalisation scientifique. Peut-on dire que les différents rouges rencontrés dans la perception (essences morphologiques) sont des divers degrés d'un rouge idéal dont ils se rapprochent plus ou moins ? Que peut bien signifier un rouge idéal, exact, univoque, c'est-à-dire un rouge qui ne serait *que* rouge, qui serait purement rouge ? On peut difficilement penser un rouge qui ne soit pas *ce* rouge – ce qui ne veut pas dire que ce rouge n'est pas de part en part rouge (*le* rouge). Ainsi, le rapport entre essences inexactes et exactes – tel qu'il est pensé par Husserl – procède d'une projection du rapport spontanément (c'est-à-dire historiquement) vécu entre espace intuitif et espace géométrique sur toutes les autres régions eidétiques.

Notons, pour finir, que si la solution husserlienne nous a parue finalement contestable, elle est néanmoins l'expression d'un problème véritable. En effet, s'il est vrai qu'il faut reconnaître une autonomie du perçu vis-à-vis de l'idéalité scientifique, il n'en reste pas moins qu'il y a *un fait de la science* et que la possibilité de l'idéalisation scientifique doit pouvoir être justifiée. On trouve chez Husserl cette double exigence : reconnaître la priorité dans l'ordre génétique et la spécificité de l'intuition perceptive, d'une part ; comprendre, d'autre part, comment cette couche perceptive peut donner lieu à l'idéalité scientifique. Tel est le double sens du *fondement* : sol originaire et original d'une part, source de sens d'autre part. La solution husserlienne du problème tient dans le recours à l'idéalisation.

Le problème que Husserl a posé avec une acuité inégalée est finalement le suivant : comment concilier la spécificité de la couche perceptive avec son aptitude à donner lieu à l'idéalité scientifique ? On peut dire que Husserl sacrifie le premier aspect au second en donnant une solution *téléologique* au problème. Inversement, Heidegger sacrifie le second aspect au premier en pensant l'être-au-monde sur un mode résolument non-théorétique (l'ordre de l'idéalité y devient incompréhensible). Je crois que Merleau-Ponty prend en charge le problème sans sacrifier aucune des deux dimensions, celle de l'*archè* et celle du *télos* : il est sur le point de penser l'être du perçu de telle sorte que sa profondeur et son retrait ne sont pas la négation mais la condition de l'idéalité de l'*eidos*. C'est pourquoi il caractérise le perçu comme « essence sauvage ».

C. L'ANALYSE DES VÉCUS
DANS LES RECHERCHES LOGIQUES

On se souvient que les *Prolégomènes* étaient dominés par la critique du psychologisme et que l'ouvrage s'achevait sur une exposition des tâches de la logique pure – qui concernaient l'ordre de l'objet, c'est-à-dire des idéalités logiques et de leurs lois. Or, dans l'introduction du tome II des *Recherches logiques*, Husserl annonce une tâche préparatoire à la logique pure, consistant en une « *phénoménologie pure des vécus de la pensée et de la connaissance* » (t. II-1, § 1, p. 2). Cette phénoménologie est caractérisée dans la première édition comme « psychologie descriptive ». Husserl y écrit en effet : « La phénoménologie est psychologie descriptive. Par conséquent, la critique de la connaissance est, pour l'essentiel, psychologie, ou du moins ne doit-elle être édifiée que sur le sol de la psychologie ». Et Husserl ajoute : « À quoi bon donc toute cette querelle contre le psychologisme ? » (Appendice 3 de la 1 re édition, p. 263). Il répond aussitôt en justifiant le terme de psychologie « *descriptive* ». Ce n'est pas la psychologie en tant que science complète qui sert de fondement à la logique pure, mais seulement sa dimension descriptive – à l'exclusion donc de sa dimension explicative : c'est pourquoi il faut parler de phénoménologie plutôt que de psychologie descriptive. Ajoutons que Husserl reviendra là-dessus dans l'édition de 1913 (*cf.* plus loin, p. 81 *sq.*).

Ce retour à la subjectivité sous la forme d'une psychologie a été une surprise et a exposé Husserl aux critiques symétriques des logicistes qui dénoncent une rechute dans le psychologisme et des psychologistes qui lui reprochent une psychologie non empirique (fondée sur des expériences). C'est ce retour au vécu qu'il faut comprendre. Cela est décisif pour la suite car, même si ce n'est pas de manière thématique, ce retour au vécu manifeste la conscience de l'*a priori universel* de la corrélation dont nous avons parlé.

D'où deux temps : 1. les motivations de ce retour au vécu ; 2. l'analyse du vécu dans la cinquième et la sixième *Recherche logique*.

1. *Les motivations du retour au vécu*

Notons d'emblée que ce retour ne doit finalement pas nous surprendre. En effet, dès les *Prolégomènes*, l'argumentation de Husserl consistait seulement à faire appel au sens qu'a *pour nous* l'*univers logique*, à notre *vécu* des propositions logiques et, plus précisément, à l'*évidence* dans laquelle elles peuvent se donner.

Il s'agit justement de thématiser cette dimension vécue, subjective des objets logiques. En effet, une difficulté se présente : nous pouvons, faute d'une clarification suffisante, nous contenter, quant aux vérités logiques, des significations de mots, c'est-à-dire d'un mode de donation imparfait que nous prendrons pour une évidence. Or, dit Husserl, nous voulons retourner aux *choses mêmes* (t. II-1, Introduction, § 2, p. 6). Les « choses » ne sont pas ici les objets logiques, mais les vécus dans lesquels ces objets sont donnés en personne : « Par le moyen d'intuitions complètes, nous voulons nous rendre évident que ce qui est donné ici (…) est vraiment et réellement ce que veulent dire les significations des mots dans l'expression de la loi » (*ibid.*). Afin donc d'éviter ce risque d'équivoque, il faut cesser de vivre naïvement dans les significations logiques et revenir sur les différents modes de vécus en lesquels elles nous sont données, afin justement de reconnaître les vécus en lesquels elles nous sont données *véritablement*. C'est pourquoi Husserl peut écrire : « La phénoménologie des vécus logiques a pour but de nous procurer une compréhension descriptive (…) aussi étendue qu'il est nécessaire de ces vécus psychiques et du sens qui les habite, pour donner à tous les concepts logiques fondamentaux des significations rigoureuses, c'est-à-dire des significations qui, élucidées par un retour aux relations d'essence (…) entre l'intention et le remplissement de signification, soient à la fois compréhensibles et assurées dans leur fonction de connaissance » (*ibid.*, p. 7). Ainsi, les distinctions que nous avions proposées auparavant procédaient déjà de cette phénoménologie.

En second lieu, un tel retour au vécu prend sens au sein de la lutte contre le psychologisme, loin de tomber sous l'accusation de psychologisme. En effet, en se contentant d'explorer l'univers logique, en son versant objectif, on laisse le terrain libre pour une interprétation psychologiste de l'être des idéalités et des relations logiques. C'est pourquoi il faut revenir au vécu et effectuer la distinction entre le vécu comme tel et l'idéalité qui est visée en lui, entre l'*acte subjectif* et sa *signification*. Husserl peut donc écrire : « C'est seulement par une phénoménologie pure, qui n'est rien moins que psychologie, que science empirique des propriétés et d'états psychiques appartenant à des réalités animales, qu'on peut triompher *radicalement* du psychologisme » (*ibid.*, p. 8). (Nous reviendrons bientôt sur les conditions de ce triomphe.)

En dernier lieu, cette analyse phénoménologique est motivée par les questions fondamentales les plus générales de la *théorie de la connaissance*. Le problème est finalement le suivant : comment comprendre que la connaissance puisse atteindre l'objet dans son « être en soi » ? Comment comprendre que l'être en soi de l'objet puisse être donné subjectivement ? C'est finalement la question classique de l'adéquation entre l'intellect et la chose.

Telle est la triple motivation d'une description pure des vécus qui tente de les saisir en leur différence (représentation, jugement, intuition) et de les ranger en des unités génériques. Il reste cependant à préciser la forme rigoureuse que prend cette description.

a) Il faut d'abord souligner la difficulté de cette analyse, difficulté qui tient à l'orientation *antinaturelle* de cette recherche. En effet, au lieu de vivre dans les actes, de les accomplir, ce qui revient à vivre comme allant de soi, existants, les objets atteints par ces actes, il faut prendre ces actes eux-mêmes pour objet – c'est-à-dire qu'il faut réfléchir. Or, cette réflexion comporte une difficulté de principe : dans ce passage de l'acte vécu naïvement à l'acte comme objet de réflexion, cet acte ne subit-il pas une transformation ? Dès lors, en réfléchissant on s'interdirait d'atteindre le réfléchi lui-même tel qu'il était avant la réflexion. Nous réservons ce problème à l'étude des *Ideen I* où il est largement traité.

b) D'autre part, il faut souligner ce point décisif : l'analyse des vécus est ici une analyse *eidétique*. Il ne s'agit pas de vécus comme événements réels arrivant à un homme réel situé par son corps dans un monde, c'est-à-dire à un être psychophysique. Il s'agit de mettre au jour, à partir d'exemples singuliers, *l'essence des vécus*. C'est précisément cela qui distingue la phénoménologie, en tant que description pure, de toute psychologie.

C'est ce que Husserl précise dans la seconde édition en revenant sur le terme malheureux de « psychologie descriptive » : « si le mot de psychologie garde son sens ancien, la phénoménologie n'est justement *pas* psychologie descriptive, la description "*pure*" qui la caractérise, c'est-à-dire l'intuition d'essence effectuée sur le fond d'intuitions singulières de vécus (fussent-ils des vécus *fictifs imaginés* librement) (…) n'est pas une description empirique (…) ; elle exclut, au contraire, l'effectuation naturelle de tout acte aperceptif et positionnel empirique (naturaliste) » (*ibid.*, § 6, p. 19). Autrement dit, parce que la description est pure, c'est-à-dire eidétique, la phénoménologie ne peut être une psychologie. On voit alors en quoi elle triomphe radicalement du psychologisme, tout en revenant au vécu : les objets logiques sont référés à des vécus qui ne sont pas des événements empiriques ; les vécus logiques sont saisis en leur essence – c'est-à-dire sans référence à la subjectivité mondaine.

c) Enfin, cette phénoménologie est soumise à une règle méthodologique, qui est « le principe de l'absence de présuppositions ». Il signifie que doivent être exclus les énoncés qui ne peuvent être réalisés dans la démarche *phénoménologique*, c'est-à-dire donnés dans l'évidence. Or, cela qui est donné avec évidence recouvre les vécus, les actes de pensée et de connaissance, ce que Husserl appellera plus tard composantes *réelles*. Ainsi, la « réflexion sur le sens de la connaissance (…) doit nécessairement s'effectuer en tant que pure intuition d'essence sur la base exemplaire de vécus *donnés* de la pensée et de la connaissance. Le fait que les actes de pensée s'orientent à l'occasion vers des objets transcendants ou même inexistants et impossibles n'importe pas ici » (*ibid.*, § 7, p. 21).

Ce qui se trouve donc exclu, ce sont des présuppositions concernant une existence réelle, tant du monde extérieur (métaphysique) que de la conscience (psychologie). Il ne s'agit pas d'*expliquer* la connaissance comme événement de fait dans une nature mais de *comprendre* la signification essentielle du connaître. On peut dire que cette restriction aux vécus du connaître, saisis en leur essence, tient lieu, au niveau des *Recherches logiques*, de réduction phénoménologique. Mais l'on peut ajouter, pour anticiper, que cette restriction manifeste une limite, une insuffisance de la démarche de Husserl au niveau des *Recherches logiques*.

2. *L'analyse des vécus dans les* Recherches logiques

Il ne s'agit pas pour nous de reprendre dans le détail ces deux *Recherches* mais de retenir les points essentiels. Nous insistons sur ce qui appellera une confrontation avec les *Ideen I*.

Husserl distingue un *sens large* et un *sens étroit* de la conscience. *a)* En un premier sens, la conscience est l'ensemble des composantes phénoménologiques réelles (*reell* et non *real*, qui désigne l'être de la chose, de la réalité) du moi empirique, c'est-à-dire le tissu des vécus psychiques dans l'unité du flux des vécus. Ces vécus sont des sensations et des actes psychiques. *b)* En un second sens, le concept de conscience se confond avec celui d'acte psychique, c'est-à-dire du vécu intentionnel.

(*Remarque*. Il y a synonymie entre donnée phénoménologique, composante réelle, vécu aux deux sens évoqués.)

Cette distinction marque donc une nuance vis-à-vis de la distinction fondamentale établie par Brentano entre phénomènes *physiques* et phénomènes *psychiques* (cf. *RL V*, § 9 ; *RL VI*, Appendice). Les phénomènes *physiques* font l'objet d'une perception externe. Les phénomènes *psychiques* sont, quant à eux, caractérisés par l'*intentionnalité*, c'est-à-dire par le rapport à un objet. D'autre part, ces phénomènes font l'objet d'une perception interne : tout en étant orienté vers l'objet externe, l'acte psychique est orienté vers lui-même, « se contient lui-même en tant que représenté et connu » (dit Brentano). Précisons que c'est là une propriété essentielle de l'acte psychique : il n'y a pas un second acte qui viendrait s'ajouter à l'acte psychique, et donc pas de régression à l'infini. En parlant de conscience au premier sens, Husserl refuse la distinction : l'extension du vécu embrasse des *non-actes*, c'est-à-dire des *sensations*. Les sensations sont situées du côté du phénomène physique par Brentano et du côté psychique par Husserl. Dans l'Appendice des *Recherches logiques VI*, Husserl évoque la raison de cette exclusion par Brentano : elle réside dans une confusion entre sentir et percevoir, ou plutôt entre le contenu comme sensation et le contenu comme un moment de l'objet perçu.

« J'entends » veut dire deux choses : 1) j'éprouve une sensation (c'est le sens du psychologue) ; 2) je perçois : c'est-à-dire j'entends telle symphonie, j'entends quelqu'un qui entre, etc. De même, « je vois » peut signifier également deux choses – même si en vertu de l'essence même du voir on tend à négliger le premier sens au profit du second (le primat du voir est cause de cette confusion) – : 1) j'éprouve le contenu sensible rouge ; 2) je perçois du rouge comme couleur de ce fruit.

Il faut distinguer deux choses : 1) *la sensation*, que Husserl qualifie de présentative (*darstellende*), qui est vécue et non perçue ; 2) *la perception* : celle-ci est un acte interprétatif, appréhensif (*auffassender*), qui anime la sensation, qui s'appuie sur elle en visant un objet. L'objet, lui, est perçu et non pas vécu.

Ainsi, la sensation présente l'objet en ce qu'elle correspond au moment de sa *présence* : la différence entre le perçu et le pensé (simplement signifié) correspond à la présence ou l'absence de sensations à la base de l'acte. Mais, par là même, la sensation ne perçoit rien. L'acte (intentionnel) vise l'objet comme tel et, dans le cas de la perception, il le vise à travers ou à l'aide de sensations : il confère à ces sensations le statut d'apparaître *de* quelque chose. Dans les *Ideen I* (nous y reviendrons), Husserl dira que l'appréhension *donne sens* aux sensations, qu'elle les informe.

On comprend alors qu'un contenu sensible puisse avoir deux sens : 1) celui de la sensation proprement dite – par exemple : le son en tant qu'éprouvé ; 2) celui du moment correspondant de l'objet, dans lequel l'objet se manifeste – par exemple le même son en tant que moment ou composante de la symphonie.

Ainsi, cette distinction essentielle peut être mise en évidence à travers le fait suivant : des contenus sensoriels identiques peuvent être appréhendés différemment, c'est-à-dire que des objets différents sont perçus sur la base des mêmes contenus. Inversement, des objets identiques peuvent être appréhendés à travers des contenus différents. On voit, au total, qu'on a affaire ici à *deux sens* très différents de la conscience : dans un cas, *épreuve* d'un contenu sensible ; dans l'autre, *visée* d'un objet extérieur.

Nous pouvons maintenant revenir à Brentano : c'est parce qu'il n'opère pas cette distinction qu'il réduit les phénomènes psychiques aux actes intentionnels (cf. *RL VI*,

Appendice, § 6, t. III, p. 285). Il confond le sens strict du mot perçu – l'objet externe – avec un sens impropre, à savoir l'épreuve sensible des contenus présentatifs. Comme les phénomènes physiques sont définis comme objets d'une perception, les contenus sensibles sont, au titre de perçus, intégrés dans les phénomènes physiques. Or, en réalité, selon Husserl, les contenus sensibles ne visent certes rien, ne se rapportent par eux-mêmes à rien, mais ils ne sont pas pour autant visés (tout au moins au sens d'une appréhension) : ils sont *seulement vécus*.

Cependant, cette distance étant prise avec Brentano, on peut comprendre en quoi sa distinction est justifiée et c'est pourquoi Husserl écrit, à propos des vécus intentionnels : « Nous nous trouvons ici en présence d'une classe de vécus rigoureusement délimités, et qui embrassent tout ce qui, dans un certain sens *prégnant*, caractérise une existence *psychique, consciente* » (*RL V*, § 9, t. II-2, p. 166 ; je souligne « psychique » et « consciente »). En effet, imaginons un être qui manquerait de tels vécus, qui n'aurait que des vécus sensoriels, qui serait donc incapable de les interpréter, c'est-à-dire de se représenter un objet par leur entremise, et qui serait *a fortiori* incapable de juger, de désirer, de détester tel objet : nul ne pourrait prétendre qu'un tel être mérite le nom d'être psychique. C'est donc finalement la fonction qu'elles assument au sein des vécus intentionnels qui confère aux sensations le statut de vécus et qui permet de les situer du côté de la conscience. En cela, il y a une pertinence de l'exclusion brentanienne.

a) *Les vécus intentionnels*

Husserl s'appuie ici sur la caractérisation de Brentano. Tout phénomène psychique est caractérisé par sa relation à un contenu, l'orientation vers un objet ou l'objectivité immanente. Dans la perception, quelque chose est perçu, dans l'imagination, quelque chose est imaginé, dans l'amour, quelque chose est aimé, etc. On a donc affaire ici à une classe de vécus caractérisés par ceci qu'ils visent un objet sur un mode qui leur est, chaque fois, propre, qu'ils comportent en eux-mêmes la relation à l'objet, c'est-à-dire qu'ils « renferment intentionnellement un objet ». Notons qu'il s'agit là, bien sûr, d'une détermination *eidétique* : elle ne concerne pas la relation factuelle et contingente d'un vécu avec un objet, mais bien *l'essence même de l'acte*.

Toute la difficulté est d'abord de penser cette relation, ce qui engage d'interroger le statut de l'objet en tant qu'il est visé, c'est-à-dire en tant qu'il est « contenu intentionnellement dans le vécu », selon l'expression de Brentano. Or, précisément, le danger est ici d'être victime du vocabulaire. Brentano écrit que les objets perçus, imaginés, etc., « entrent dans la conscience », qu'ils sont « reçus en elle », que les vécus intentionnels « contiennent en eux quelque chose comme un objet ». On parlera de même d'objectité immanente ou, dans la tradition scolastique, d'existence intentionnelle ou mentale. En effet, ces expressions suggèrent l'idée d'un rapport réel entre deux choses de telle sorte que l'une serait contenue dans l'autre : un contenu psychique, l'objet, serait inclus, emboîté dans un autre contenu psychique, l'acte.

Or, l'intentionnalité signifie strictement que l'objet est *visé* par l'acte. Il n'y a donc pas deux choses présentes dans le vécu : l'objet et, à côté de lui, le vécu qui s'y rapporte. Cela reviendrait à transposer au sein de la conscience la relation à l'objet sous forme de la coprésence de deux contenus. On ne peut pas non plus parler d'un rapport tel que l'objet serait une partie du vécu, ce qui reviendrait à transposer dans la conscience le rapport d'inclusion objective.

Dire donc que l'objet est « contenu » dans les vécus ne signifie pas qu'il y a un rapport réel entre deux choses mais que nous sommes en présence d'*une seule chose*, le vécu intentionnel, dont le caractère descriptif est précisément l'intention relative à l'objet. Autrement dit, il ne faut pas dire qu'il y a une relation entre l'objet et le vécu, mais plutôt qu'il y a des vécus qui ont pour propriété d'entrer en relation à l'objet. La relation ne met pas en rapport – de manière externe – le vécu et l'objet ; *la relation est intérieure au vécu*. Ce n'est pas l'objet qui pénètre dans le vécu, c'est le vécu qui s'ouvre à l'objet, met en présence de l'objet.

Dès lors que la relation à l'objet appartient au vécu, que la présence intentionnelle de l'objet procède du vécu, c'est-à-dire est *synonyme* de la présence de vécus intentionnels, il faut conclure que cette relation intentionnelle est indépendante de l'existence réelle de l'objet. « [U]n tel vécu, écrit Husserl, peut se trouver dans la conscience avec cette intention qui est la sienne, sans que l'objet existe en quoi que ce soit, ou même peut-être puisse jamais exister ; l'objet est visé, cela signifie que l'acte de le viser est un vécu ; mais l'objet est alors seulement présumé et, en vérité, il n'est rien » (*RL V*, § 11, p. 175). Husserl prend l'exemple du dieu Jupiter, qui est visé sur le mode représentatif et n'existe pourtant d'aucune façon. Ainsi, que l'objet soit présent en tant que visé, sur le mode spécifique de la visée, ne préjuge en rien de sa présence réelle. C'est pourquoi Husserl affirme : « Du point de vue phénoménologique réel, l'objectité elle-même n'est rien ; car elle est, pour employer une expression générale, transcendante à l'acte » (*ibid.*, § 20, p. 218). C'est dire que l'objet qui est visé est *extérieur* à la sphère de la conscience, il n'appartient pas aux composantes réelles ; il n'est pas un donné phénoménologique.

Cependant, que l'objet réel soit extérieur, transcendant à la visée, ne signifie pas du tout qu'il faut distinguer l'objet intentionnel de l'objet réel, le premier étant comme un signe ou une image du second : « *l'objet intentionnel de la représentation est* LE MÊME *que son objet véritable, éventuellement extérieur et il est* ABSURDE *d'établir une distinction entre les deux* » (*ibid.*, Appendice aux § 11 et 20, p. 231). L'objet réel est exactement ce qui est visé par la représentation, c'est-à-dire l'objet intentionnel. « L'objet transcendant ne serait, en aucune façon, l'objet de cette représentation s'il n'était pas son objet intentionnel », remarque Husserl.

Bien sûr, la question qui se pose alors est la suivante : comment l'objet véritable et l'objet intentionnel peuvent-ils se confondre alors qu'on affirme d'autre part que la visée intentionnelle est indifférente à l'existence réelle de l'objet ? La réponse réside dans les termes mêmes de la question. Deux cas peuvent se présenter : 1) l'objet est « simplement » intentionnel : cela signifie, non pas qu'il existe dans la représentation une « ombre » de l'objet, mais que, ce qui existe, c'est la visée d'un objet de telle sorte et non l'objet ; 2) si l'objet intentionnel existe, ce n'est plus seulement l'intention qui existe, mais aussi ce qui est visé (*ibid.*).

On voit donc au total qu'il y a une existence intentionnelle, qui ne signifie en aucun cas un mode de présence de l'objet au sein du psychisme mais l'existence de vécus visant l'objet ; qu'il y a, d'autre part, une existence réelle, celle de ce qui est visé. Mais l'existence intentionnelle n'est pas tributaire de l'existence réelle.

Ainsi, mettant en garde contre les mésinterprétations induites par le langage, Husserl veut souligner la spécificité de l'acte psychique, de ce rapport qu'on appelle conscience de quelque chose. Car, d'un côté, il n'y a aucun mode de présence de l'objet au sein du vécu – ce qui veut dire que l'objet n'est pas bien sûr dans la conscience puisqu'il est réel, ni non plus qu'il y a un équivalent psychique, une image de l'objet : l'objet est *hors* de la conscience et le vécu intentionnel a justement la propriété de le viser. D'autre part, ce rapport à l'objet, cette ouverture à l'ordre transcendant n'est cependant pas tributaire de cette transcendance, c'est-à-dire demeure indépendante de la présence réelle de l'objet : l'intentionnalité est un vécu, une réalité psychique.

Deux remarques

1. La question qui se pose alors est la suivante : comment peut-on penser ce rapport du vécu à l'objet comme une dimension intrinsèque du vécu alors même que l'objet est étranger au vécu, ne pénètre en aucune façon dans le vécu ? Comment un vécu peut-il se rapporter de lui-même à un objet qui lui est extérieur, et peut ne pas exister, sans que cet objet soit d'aucune façon présent dans le vécu ? Autrement dit, comment peut-il y avoir relation à l'objet sans que celui-ci soit présent comme terme de la relation (intérieur à la relation) ? Husserl pose la question pour l'écarter aussitôt : « Si maintenant l'on demande comment il faut entendre que le non-existant ou le transcendant puisse avoir la valeur d'objet intentionnel dans un acte dans lequel il ne se trouve en aucune façon, il n'y a à cela

pas d'autre réponse que celle que nous avons donnée plus haut, et qui, en fait, suffit pleinement : l'objet est un objet intentionnel, cela signifie qu'il y a un acte avec une intention de caractère déterminé qui, par cette détermination, constitue précisément ce que nous appelons l'intention dirigée sur cet objet » (*RL V*, § 20, p. 219). Cette réponse est-elle satisfaisante ?

2. On voit déjà, d'autre part, que si Husserl est conduit à rejeter l'objet hors de la conscience, et donc à rencontrer ce problème, c'est parce qu'il pense la présence de l'objet dans la conscience sur le mode réel (*reell*), c'est-à-dire de telle sorte que l'objet aurait le même statut que les vécus – sensibles ou intentionnels. Refusant naturellement ce mode de présence, il est conduit à rejeter l'objet à l'extérieur et, dès lors, à confondre la présence intentionnelle de l'objet avec l'existence du vécu intentionnel. Or, on peut se demander si l'alternative est entre la présence réelle de l'objet comme vécu et sa transcendance. N'y aurait-il pas un autre mode de présence de l'objet « dans » la conscience, irréductible à celui de la composante réelle ?

b) *Distinctions au sein de l'acte*

Dès les *Recherches logiques*, Husserl met en place un certain nombre de distinctions qui sont inhérentes à l'acte comme tel et que, dans le principe, il n'abandonnera jamais. On notera, en lisant la *Recherche logique V*, que ces distinctions sont effectuées à partir de la possibilité d'une *variation partielle*, le reste de l'acte demeurant d'autre part invariant.

Un acte peut être représentatif, judicatif, affectif, etc. Autrement dit, le même « contenu » peut faire l'objet d'une représentation, d'un jugement, d'un désir, etc., sans être, quant à lui, modifié. Exemples : « il pleut », « pleut-il ? », « s'il pouvait pleuvoir ! ». Husserl nomme *qualité* ce caractère qui désigne un acte comme représentatif, judicatif, etc. ; il nomme *matière* le contenu de l'acte, c'est-à-dire le moment qui confère à l'acte un rapport à l'objet : c'est le même objet qui fait l'objet d'une représentation, d'un désir, etc.

Il faut cependant clarifier le statut de cette matière. En effet, quand nous fixons et la qualité et l'orientation objective, certaines variations sont encore possibles. Par exemple : « le triangle équilatéral » et « le triangle équiangle » sont des représentations différentes quant à leur contenu alors même qu'elles sont orientées vers le même objet. Ainsi, la matière détermine non seulement l'*orientation* vers un objet, mais le *mode* selon lequel l'acte vise l'objet. La matière ne détermine pas seulement que l'acte appréhende l'objectité, mais à quel titre (*als was* : « comme quoi ») il l'appréhende. La matière est donc le sens de l'appréhension objective, ou le « sens d'appréhension » (cf. *RL V*, § 20 ; *RL VI*, § 25 : « le moment de l'acte objectivant par l'effet duquel cet acte représente précisément *tel* objet et précisément de *telle manière* » [p. 110]).

Il va de soi que ce sont là deux moments *abstraits* : une qualité détachée de la matière serait impensable (un jugement qui ne porterait pas sur quelque chose perdrait le caractère de l'intentionnalité). Mais une matière sans qualité, qui ne serait ni matière d'une représentation, ni d'un jugement, etc., est tout autant impensable.

Notons enfin, quant à la terminologie, que la *qualité* des *Recherches logiques* devient, dans les *Ideen*, la modalité de la croyance ou « modalité thétique » et que la matière devient « noyau de sens » ou « noyau noématique » (*Ideen I*, § 129, p. 437).

Ces deux moments (qualité/matière) ne constituent cependant pas l'acte complet. Deux actes peuvent être identiques de ce double point de vue tout en différant descriptivement. Cette différence prend essentiellement la forme de la différence entre *intention signitive* et *intention intuitive*. Celle-ci représente l'objet au sens fort du mot, en ceci qu'elle le rend présent, c'est-à-dire « apporte quelque chose de la plénitude de l'objet lui-même ». Au contraire, la représentation signitive ne représente pas l'objet, en ceci qu'il n'y a rien de l'objet qui vive en elle. On appellera « *plénitude de la représentation* » (ou simplement *plénitude*), « la totalité des déterminations qui appartiennent à la représentation même, au moyen desquelles elle présentifie son objet par analogie ou l'appréhende comme étant donné lui-même » (*RL VI*, § 21, p. 98). Cette plénitude vient donc, dans le cas des représentations intuitives, s'ajouter à la qualité et la matière comme un moment caractéristique.

On appellera *essence intentionnelle* de l'acte l'unité formée par la matière et la qualité. Cette essence intentionnelle peut aussi être appelée essence significative, en tant qu'elle correspond précisément aux intentions purement signitives (cf. *RL V*, § 21).

On appellera *essence cognitive* l'unité de la qualité, de la matière et de la plénitude. Husserl l'appelle essence cognitive car elle intègre les contenus (la plénitude) qui accomplissent la fonction de connaissance de cet acte : en effet, c'est par la plénitude que l'acte entre en relation avec un objet effectivement présent, que, par conséquent, s'accomplit « l'adéquation de l'intellect et de la chose » (*RL VI*, § 26-28).

Deux remarques

1. Il faut bien distinguer la qualité de la plénitude : intuition (perception, imagination) et intention significative ne sont pas des qualités, c'est-à-dire des modalités de croyance ou de thèse. Elles concernent la mise en présence de l'objet. De la sorte, des actes de même qualité peuvent posséder ou non une plénitude, et des actes différents peuvent être identiques quant à la plénitude.

2. On se demande sur quoi repose l'essence cognitive, c'est-à-dire la plénitude. Il y a ici un recoupement avec les premières distinctions concernant les composantes du vécu intentionnel. En effet, la plénitude de l'acte lui est conférée par la présence de composantes sensibles, des contenus sensibles qui représentent l'autre catégorie de vécus. Il y a donc une relation entre contenus sensibles et plénitude de l'acte : ce sont en effet ces vécus qui mettent en présence de l'objet. (On dira certes que les intentions purement signitives ont un support sensible, et donc une plénitude intuitive puisqu'elles se constituent au sein du langage, c'est-à-dire de sons sensibles. Mais il va de soi que le moment sensible permet de mettre en présence du signe comme tel, mais non de l'objet signifié par ce signe. On peut donc, si l'on veut, parler de plénitude, mais, dit Husserl, « au lieu d'être celle de l'acte signitif, c'est celle de son acte fondateur dans lequel se constitue le signe en tant qu'objet intuitif » [*RL VI*, § 28, p. 121].)

Cette analyse a, enfin, une conséquence essentielle, que nous nous contentons d'évoquer et sur laquelle nous reviendrons. Nous avons dit de la matière qu'elle déterminait un rapport à l'objet et le mode de ce rapport. Cela revient à affirmer que, dans tout acte quel qu'il soit, un objet est *présenté* ou *représenté*. Il n'y a de jugement possible que si est représenté l'objet sur lequel le jugement porte, de désir possible que si est d'abord posé, représenté, l'objet du désir : l'objet de désir est objet avant et afin d'être désiré. Nous rejoignons ici Brentano (*RL V*, § 10, 23, 32, 33, 37, 43) qui propose une *seconde définition* des phénomènes psychiques qui s'ajoute à l'intentionnalité : « ou bien ils sont des représentations, ou bien ils reposent sur des représentations qui leurs servent de base » (*RL V*, § 10, p. 172).

L'essentiel de la *Recherche logique V* (chap. 3 à 5) va consister en une tentative de donner un sens à cette proposition. Le concept de *représentation* est en effet ambigu : il peut désigner la matière, commune à des actes différents (dont la représentation) ; il peut désigner une qualité (pure représentation). On se demande alors, dans ce cas, quelle sera sa matière. C'est pourquoi la proposition de Brentano est ambiguë : dans le premier membre de la phrase, la représentation est entendue au sens de *qualité* d'acte, dans le second membre, au sens de *matière* (*RL V*, § 32).

Husserl va montrer, au terme d'une longue analyse, que le principe de Brentano est acceptable à condition de comprendre la représentation comme acte objectivant : « *tout acte dans lequel quelque chose s'objective pour nous dans un certain sens étroit*, par exemple en vertu des perceptions et des intuitions parallèles qui appréhendent d'un seul coup et tiennent l'objet sous un seul rayon intentionnel » (*ibid.*, § 33, p. 269).

Dès lors, l'affirmation de Brentano peut avoir un sens et s'intégrer dans l'analyse de l'acte intentionnel : « *toute matière* (…) *est matière d'un acte objectivant*, et ce n'est qu'au moyen d'un tel acte qu'elle peut devenir la matière d'une nouvelle qualité d'acte » (*ibid.*, § 41, p. 309).

Autrement dit, il y a un acte qui est à la source de la matière comme telle : dans cette mesure on peut dire que tout acte, en tant qu'il a une matière, repose sur une représentation, entendue comme acte objectivant. Le propre de l'acte objectivant est qu'il est à la fois un acte et ce qui confère la matière aux autres actes, car il est l'acte même de donation de la matière.

Cette analyse signifie donc que la conception husserlienne de l'intentionnalité est de type *intellectualiste*, en ce qu'elle est caractérisée par un primat du rapport théorique, du rapport de connaissance. La réalité, comme ce qui est visé dans tout acte intentionnel, c'est-à-dire l'autre de la conscience, ne peut être atteinte que sur la base d'une conscience théorique, c'est-à-dire d'une *objectivation* : le monde se donne à nous dans l'attitude désintéressée et désaffectée de la connaissance, du « voir » théorique.

Cela ne signifie pas que les actes autres que théoriques ne sont pas intentionnels : le désir ou la joie sont intentionnels, c'est-à-dire se rapportent eux-mêmes *à quelque chose*. Mais, s'ils visent un objet, ils ne font pas naître leur objet propre et il n'y a pas un sens spécifique de l'être qui leur serait *corrélatif*. Il n'y a pas de désiré ou de réjouissant qui ne soit d'abord du connu. Bref, la présence se constitue dans un acte objectivant, et c'est sur le fondement de cet acte que les autres actes peuvent se rapporter à quelque chose, être intentionnels. Il n'y a pas de présence du désiré comme tel, la présence du désiré se confond avec ce qui, en lui, est représenté.

Cette orientation est fondamentale et, malgré les variations, ne sera jamais vraiment contestée. Conséquence : c'est sans doute parce que le rapport au monde est pensé sur le mode théorique que la réduction débouchera sur la constitution transcendantale du monde « dans » la conscience. Autrement dit, c'est sans doute parce que l'expérience est primordialement représentation que l'être du monde peut être réduit à son être pour une conscience transcendantale. Il y a une relation étroite entre le refus de prendre en considération l'homme empirique et le primat accordé à l'objectivation.

Or, inversement, n'y a-t-il pas d'autres rapports à l'être en lesquels se constitue un mode de présence spécifique ? N'y aurait-il pas une présence du désiré comme tel, un mode de présence constitué par le désir qui ne se confondrait pas avec l'objet de la représentation ? De même, l'action technique a pour corrélat un type d'être spécifique qu'on appelle l'outil et qui ne relève pas d'une représentation.

De plus, ce mode *non-représentatif* de rapport au monde ne serait-il pas en réalité le seul moyen de *sauvegarder* l'être du monde en la plénitude de son sens, c'est-à-dire comme *transcendance*, comme irréductible à une conscience ? Ainsi, penser le rapport au monde sur un mode autre que représentatif permettrait de maintenir l'*évidente référence* du monde au vécu sans pour autant tomber dans l'idéalisme. Telle est la direction empruntée par la phénoménologie post-husserlienne, notamment Heidegger, Merleau-Ponty, Patočka ou Levinas.

Conclusions

Il s'agit de faire le bilan de cette première phase de la pensée de Husserl, qui en est aussi une première couche puisque nombre de points sont acquis une fois pour toutes et, tout d'abord, le fait que la phénoménologie sera une *eidétique*. Dès lors, l'analyse de la conscience transcendantale, au terme de la réduction transcendantale, sera une analyse eidétique.

On peut dire que les *Recherches logiques* se situent dans le cadre de l'*a priori universel de la corrélation* – que l'être de la réalité logique, qui fait l'objet propre de ces *Recherches*, est compris comme se soutenant de son rapport avec une *subjectivité*. En cela, l'axe essentiel de la phénoménologie est établi.

Cependant, et d'autre part, on peut dire que si le cadre de la corrélation est acquis, celle-ci n'est pas encore maîtrisée, pensée *pour elle-même*. Plus précisément, le pôle objectif (l'essence) et le pôle subjectif (les vécus) ne sont pas pensés en des termes tels que leur corrélation soit vraiment compréhensible. En effet, on peut dire que la thématisation dans les *Recherches logiques* est encore *réaliste* – non pas d'abord au sens classique du terme, mais en ce que la caractérisation de l'essence et celle du vécu sont dominées par le modèle de la *res* et donc menacées par le risque d'hypostase. Or, le réalisme entendu en ce sens précis conduit à un réalisme au sens *classique*, c'est-à-dire au sens d'une extériorité, d'une autonomie de l'objet vis-à-vis de la conscience qui le vise, d'une scission entre le vécu et l'objet.

Il y a donc finalement une tension, un décalage entre l'exigence de la corrélation dont témoigne le retour au vécu dans le tome II des *Recherches logiques* et le sens d'être des réalités mises en relation, à savoir la conscience et l'objet. La corrélation est à la fois *exigée* et *empêchée*. C'est cet écart qui justifie la lecture téléologique que proposent Tran Duc Thao et Fink[1]. La mutation qui s'opère entre les deux phases de la pensée de Husserl doit être

---

1. *Cf.* Tran Duc Thao, *Phénoménologie et matérialisme dialectique*, Paris, Éditions des Archives Contemporaines, 1992, p. 49-51 (citation,

conçue « comme la nécessité immanente de développement des motifs phénoménologiques transcendantaux en germe et déjà à l'œuvre dans les *Recherches logiques* ». Tran Duc Thao déclare :

« Les deux tomes des *Recherches logiques*, si nous les prenons dans leur *vérité*, constituent ainsi les deux moments d'une analyse phénoménologique authentique, sous la forme classique, noético-noématique. (…) Mais cette corrélation [*sc.* noético-noématique] n'était qu'"en soi" ou "pour nous". "Pour soi", elle prenait une forme qui contredisait sa signification véritable. (…) Ainsi, le "réalisme" des *Recherches logiques* n'était que la forme contradictoire que prenait une analyse intentionnelle ignorante de son propre sens. » Cette analyse est éclairante, à ceci près qu'elle est inévitablement victime d'une reconstruction rétrospective.

Quelle forme ce réalisme prend-il précisément ? En quoi l'analyse des essences et du vécu n'est-elle pas adéquate à l'*a priori* de la corrélation ?

Tout d'abord, au niveau de l'essence. Il est vrai, pour reprendre l'analyse de Ricœur, que la théorie de l'essence est guidée par la critique du psychologisme et que le logicisme des *Prolégomènes* tient lieu de *garde-fou* contre le psychologisme. Il n'en reste pas moins que, dans les *Prolégomènes*, l'essence est comprise comme un existant, c'est-à-dire comme un être autonome qui précède et fonde l'acte qui le vise. La pensée est subordonnée à l'existence idéale de l'objet qu'elle appréhende, loin que l'objet soit constitué au sein de la pensée.

p. 50-51) et E. Fink, *De la phénoménologie*, trad. D. Franck, Paris, Minuit, 1974, p. 107-140.

Il faut suivre ici l'analyse de Tran Duc Thao [1]. L'étude des essences correspond à un projet *ontologique* : il s'agit de mettre au jour *l'être* de l'existant. Et la réduction eidétique correspond à la découverte fondamentale selon laquelle l'être de ce qui est est de l'ordre du *sens*. Seulement, « la découverte de cette vérité philosophique fondamentale que l'existant présuppose le sens de son être se traduit inévitablement au début par la position de ce sens comme un existant d'une catégorie spéciale » (p. 36). Autrement dit, on assiste à une chute de l'ontologique dans l'ontique : l'être de ce qui est, à savoir le sens, est conçu sur le mode, intramondain, de la chose. Le possible, comme fondement du réel, devient un pur possible coupé du réel. Or, note Tran Duc Thao, « que l'essence définisse *l'être de l'existant*, cela ne trouve son sens véritable que dans un retour au *sujet* » (p. 37). Autrement dit, c'est en saisissant le sens comme être constitué dans une subjectivité que l'on évite le risque d'hypostase. La perspective transcendantale doit permettre de concilier l'autonomie ou la différence du sens vis-à-vis des actes (contre le psychologisme) avec sa non-réalité (ou irréalité) au sens ontique. (C'est aussi la lecture de Merleau-Ponty [2].)

Or, cette analyse peut être confirmée par celle de la conscience, à partir du tome II des *Recherches logiques*. Notons d'abord que le retour au vécu n'est pas explicitement présenté comme exigé par la détermination de l'être de l'objet logique. Il s'agit plutôt de la nécessité de distinguer les vécus signitifs des vécus intuitifs, d'aborder le problème classique de la connaissance comme accès par un sujet à

1. *Cf.* Tran Duc Thao, *Phénoménologie et matérialisme dialectique*, *op. cit.*, p. 33-37.
2. *Cf.* M. Merleau-Ponty, *Résumés de cours*, Collège de France (1952-1960), Paris, Gallimard, 1968, p. 149.

un être en soi, c'est-à-dire à un objet qui, en son être, est indépendant de la subjectivité. L'introduction du tome II consacre donc la scission entre *l'être en soi de l'essence* et *le vécu subjectif,* au moment même où il s'agit de penser leur corrélation. Celle-ci sera donc inévitablement externe, et non pas impliquée dans le sens d'être des termes qui entrent en corrélation (§ 2, p. 9).

De plus, et surtout, comme nous l'avons vu, la phénoménologie est définie comme une description pure du vécu portant sur ses composantes réelles. Autrement dit, sont vécus les contenus sensibles sur lesquels s'appuient l'appréhension et les actes intentionnels : quant à l'objet, il est *extérieur* à la conscience et ne fait pas partie du champ de la phénoménologie. C'est pourquoi, parler d'objet intentionnel, *stricto sensu,* c'est faire état de la présence de vécus intentionnels, dans lesquels l'objet est seulement visé et dont il est donc absent. Quant à l'objet réel, qui est visé, il demeure extérieur. (Cf. *RL V,* § 20, p. 218 : « Du point de vue phénoménologique réel, l'objectité elle-même n'est rien ; car elle est, pour employer une expression générale, transcendante à l'acte ».) Autrement dit, Husserl n'aperçoit pas de troisième voie entre une inclusion réelle au sens des vécus réels et une transcendance objective. Il ne parvient pas à penser une appartenance à la conscience qui ne serait pas l'immanence des vécus, ni une transcendance qui ne serait pas synonyme d'extériorité à la conscience.

On peut donc bien parler de *réalisme* de Husserl. Ainsi conçue, c'est-à-dire réduite à ses composantes réelles, à ses contenus, la conscience devient une *substance,* une sphère close sur elle-même dans laquelle sont « *contenus* » des vécus. Même si elle s'ouvre à autre chose qu'elle-même, dans la mesure où l'objet n'est pas « contenu » en elle, cette ouverture est ressaisie par la clôture de la conscience, n'atteint l'objet qu'à distance. La conscience n'est pas, en son être, « contaminée » par autre chose qu'elle-même, elle ne s'ouvre pas à l'objet comme tel, elle n'est qu'une sphère de vécus, c'est-à-dire finalement une substance : l'extériorité lui est étrangère. Bref, séparer radicalement la conscience de l'objet transcendant, c'est lui attribuer l'être substantiel de cet objet. On peut dire que la réduction du phénoménologique à la sphère des vécus signifie nécessairement une réification de la conscience (ce qui veut dire que, inversement, c'est en s'ouvrant à l'objet, en intégrant l'objet, que la conscience échappe à cette réification).

On débouche alors sur un réalisme au sens, classique, de la *théorie de la connaissance* : si la conscience est réduite aux composantes réelles, l'objet existe en lui-même, à l'extérieur de la conscience. La référence à la conscience, l'être pour la conscience, ne sont pas impliqués en son être : la conscience rencontre une réalité extérieure.

On saisit bien ici la cohérence entre l'analyse de l'essence dans les *Prolégomènes* et celle du vécu qui lui fait suite. C'est d'un même geste que la conscience est réduite aux composantes réelles et que l'objet – ici l'essence – est conçu sur le mode ontique, comme une réalité subsistante, indépendante de la conscience. Ce point est explicitement thématisé par Husserl comme une limitation. Autrement dit, au moment des *Ideen*, date à laquelle il republie les *Recherches logiques*, Husserl aperçoit bien cette extériorité de l'objet comme une difficulté. Deux références fondamentales : *Ideen I*, § 128 ; *RL V*, § 16, p. 202.

Se situant au niveau de la constitution, Husserl reconnaît d'abord que « [d]ès qu'on a reconnu que l'intentionnalité est essentiellement à double face, noèse et noème, on en conclut qu'une phénoménologie systématique ne peut pas borner ses efforts à une seule face, se réduire à une analyse réelle des vécus » (*Ideen I*, § 128, p. 434). C'est pourquoi Husserl reconnaît (en note), dans la cinquième *Recherche logique*, que le champ de la phénoménologie doit s'étendre à « l'objectité intentionnelle comme telle » et non plus seulement aux « composantes réelles » (*RL V*, § 16, p. 202). Il ajoute cependant que s'en tenir à une seule face « est une *tentation très forte* au début ; en effet le passage historique et naturel de la psychologie à la phénoménologie incline à entendre tout naturellement sous le nom d'étude immanente des vécus purs et de leur essence propre celle de ses composantes réelles » (*Ideen I*, § 128, p. 434-435 ; je souligne). Et il ajoute en note que c'est précisément le point de vue des *Recherches logiques*. Même s'il y a dans celles-ci des analyses noématiques, elles sont considérées comme des indices révélateurs des « structures noétiques parallèles » (p. 435, n. *a*).

Finalement, Husserl considère comme inévitable l'écart entre ce qui est visé – à savoir la corrélation, c'est-à-dire le parallélisme noético-noématique – et la thématisation qui en est développée dans les *Recherches logiques*. La cause en est le fait que la réflexion commence par thématiser la conscience dans l'attitude psychologique, attitude qui est tributaire – au moins implicitement – de la détermination de la conscience comme réalité naturelle. (La perspective psychologique apparaît bien comme la conséquence d'une thématisation de la conscience dans l'attitude naturelle.)

On voit donc que la caractérisation initiale de la phénoménologie comme « *psychologie descriptive* » n'était pas tout à fait accidentelle. On voit surtout que l'accès véritable à la corrélation noético-noématique correspond à l'intégration de l'objet intentionnel dans le champ phénoménologique, intégration qui va de pair avec le dépassement de l'attitude psychologique, c'est-à-dire naturelle, autrement dit avec l'*épochè* phénoménologique.

Or, dans ce mouvement de dépassement de la limitation initiale, il y a un texte qui apparaît comme important : c'est l'ensemble des cinq leçons intitulées *L'Idée de la phénoménologie*, qui correspondaient à l'introduction du cours sur *Chose et Espace* (1907), traduit par Jean-François Lavigne. On y trouve une première formulation de la réduction, que je laisse de côté puisque je l'étudierai dans sa forme achevée (celle des *Ideen I* et des *Méditations cartésiennes*). Mais l'important est que Husserl y introduit une distinction qui est absente des *Recherches logiques* et qui apparaît bien comme un dépassement de l'alternative des *Recherches logiques* entre immanence réelle et extériorité.

Les termes d'*immanence* et de *transcendance* doivent en effet être entendus en un double sens.

1. L'immanence peut d'abord signifier le fait d'être contenu effectivement dans l'acte de connaître, c'est-à-dire les contenus réels, vécus sensibles et actes. À celle-ci s'oppose une transcendance que l'on qualifiera de réelle : « la chose [visée] (…) ne se trouve pas effectivement comme une partie dans la *cogitatio* même, entendue comme vécu » (*IP*, II, p. 59-60).

2. L'immanence peut également signifier, en un sens plus large, la présence absolue, la donnée en personne, c'est-à-dire ce qui fait l'objet d'une évidence. À celle-ci s'oppose une transcendance qui désigne, dit Husserl, une

présence de l'objet telle qu'il n'est pas donné lui-même en personne – présence seulement présomptive donc.

Cette distinction procède de la découverte selon laquelle la donnée absolue, en personne, excède le cadre des composantes réelles. C'est notamment le cas des objets et états de choses généraux, des essences, qui accèdent à la donnée en personne (en vertu de l'absence de facticité). (*Cf.* la quatrième *Leçon* et le Résumé, p. 110.) De même, le tout juste passé n'est pas une composante réelle, mais il est cependant donné en personne et il n'y en a pas de meilleur accès. On voit donc que le champ de la donnée absolue excède celui des composantes réelles, de sorte que la transcendance réelle – au premier sens, donc – relève de l'immanence au sens second. Husserl parlera de l'immanence au sens intentionnel. Il précise en effet : « l'objet (…) peut avoir une certaine présence dans l'apparaître, pendant qu'il ne se trouve pourtant pas dans le phénomène cognitif effectivement, ni n'existe d'aucune autre façon comme *cogitatio* » (*ibid.*, IV, p. 79).

On assiste donc à une extension du champ phénoménologique puisqu'il comporte ce qui relève de l'immanence réelle mais aussi de l'immanence au sens intentionnel : « La phénoménologie de la connaissance est la science des phénomènes de connaissance dans le double sens : des connaissances comme apparitions, figurations, actes de conscience, dans lesquels telles ou telles objectivités se figurent, deviennent objets de conscience, et d'un autre côté, de ces objectivités elles-mêmes, en tant que se figurant de la sorte » (*ibid.*, Résumé, p. 116).

Il apparaît donc que la problématique de la réduction, c'est-à-dire la voie de la phénoménologie transcendantale, est commandée par le dépassement de l'attitude psychologique, ou encore naturelle, au niveau de l'analyse des vécus, c'est-à-dire par le dépassement du concept naïf de transcendance : l'extériorité vis-à-vis des vécus, et notamment des actes, ne signifie plus extériorité à la conscience elle-même, mais immanence intentionnelle. On entrevoit comment on pourra alors référer l'être de l'objet à la conscience.

LA PHÉNOMÉNOLOGIE TRANSCENDANTALE

Nous abordons ici ce qui constitue le centre de la philosophie de Husserl et correspond à la période de maturité de sa pensée. C'est à ce niveau que la phéno-ménologie s'accomplit véritablement comme telle. Je retiendrai trois temps essentiels : A. Réduction et constitution ; B. Le Moi, la *hylè* et le temps ; C. Le problème de l'intersubjectivité.

La justification de cet ordre apparaîtra au cours de la démarche, mais on peut déjà dire que par rapport à la constitution des choses, les deux étapes suivantes se situent *en aval* et *en amont*, c'est-à-dire se confrontent aux problèmes qui se posent à ces deux niveaux. *En aval*, il s'agit, avec *autrui*, de concilier la constitution du monde dans la subjectivité transcendantale avec la transcendance de ce monde vis-à-vis de ma conscience, c'est-à-dire avec le fait qu'il s'offre à d'autres consciences. *En amont*, il faut rendre compte du *moi* comme transcendance dans l'immanence et du moment de la *sensation*, donné hylétique, comme réceptivité. La phénoménologie transcendantale doit être en mesure de constituer et ce moi et cette réceptivité même. Cette constitution, originaire, apparaîtra comme auto-constitution de la temporalité de la conscience.

A. Réduction et constitution

La première partie se développera selon l'ordre suivant – dont la justification apparaîtra très vite : 1. la réduction ; 2. l'eidétique de la conscience et de la réalité ; 3. sens de la constitution ; 4. problèmes.

(Textes majeurs : *L'Idée de la phénoménologie* ; *Ideen I*, seconde section en particulier ; *Méditations cartésiennes*, I et II ; *Problèmes fondamentaux de la phénoménologie* ; *Philosophie première*, t. II.)

1. *La réduction*

a) *Considérations préliminaires*

La *réduction* est, aux yeux de Husserl, l'acte inaugural de la philosophie phénoménologique – et, en un sens, toute son œuvre va consister (il le reconnaît lui-même) à comprendre, clarifier cette réduction. Il ne faut pas se méprendre sur l'expression d'acte inaugural : l'*épochè* n'est pas une technique, un moyen, un instrument, voire une méthode, c'est-à-dire une procédure codifiée donnant accès à un domaine de connaissance, procédure dont l'usage serait alors temporaire. La réduction est l'acte du philosopher même, acte qui, par conséquent, donne accès à l'absolu. Ce qui veut dire que sa signification et sa possibilité sont énigmatiques, non maîtrisées (il y aura plusieurs voies de réduction), et que, d'autre part, la réduction est *définitive* puisqu'elle est l'élément même du philosopher : on n'en sort pas. Ce qui signifie enfin que rien ne peut la précéder, qu'elle est fondamentalement *immotivée*.

Il est vrai que les textes de Husserl varient sur ce point : dans *L'Idée de la phénoménologie* et, également, dans les

Méditations cartésiennes, la réduction est présentée comme un geste qui prend sens au sein d'une *théorie de la connaissance*. Elle est motivée par la recherche d'une évidence apodictique, dont la science nous donne l'idée, et elle s'appuie sur la reconnaissance du caractère non-certain de l'existence du monde. Ainsi, le pôle de la certitude est déplacé du monde (attitude naïve) au *cogito* : la réduction consiste en ce *déplacement*. Mais, en toute rigueur, ce n'est pas la non-certitude du monde qui motive la réduction ; la non-certitude du monde – et, corrélativement, la recherche d'une certitude absolue – sont ouvertes par l'*épochè* : il faut avoir rompu avec la croyance au monde pour en apercevoir le caractère incertain. Dans les *Ideen*, l'*épochè* apparaît comme fondamentalement immotivée, comme l'acte d'une pure liberté. Ce qui a plusieurs conséquences.

L'*épochè* est marquée par une inévitable *circularité* : c'est seulement après-coup, une fois qu'elle est effectuée, qu'elle apparaît comme motivée et qu'elle s'avère donc compréhensible. Elle ouvre la dimension problématique qui la fonde. Ce qui revient à dire qu'elle se présuppose toujours elle-même. C'est seulement une fois l'*épochè* accomplie que nous en comprenons la possibilité. Autrement dit, rien, dans l'attitude naturelle qui précède l'*épochè*, ne motive cette *épochè* : c'est seulement une fois celle-ci effectuée que peut précisément apparaître le caractère problématique de la phénoménologie.

Cette situation n'a rien d'exceptionnel : nous retrouvons là l'*aporie même du commencement* en philosophie. On ne peut comprendre les raisons du commencement qu'une fois que nous avons commencé : ce qui appelle ou motive le geste philosophique est ouvert par ce geste. Ainsi on peut rapprocher le mouvement de penser husserlien du mouvement platonicien[1]. L'attitude naturelle peut être assimilée au royaume des ombres, la vie transcendantale au monde extérieur et la réduction (l'*épochè*) à l'ascension (avec bien sûr beaucoup de différences). Il est clair que le caractère illusoire des ombres n'apparaît qu'une fois l'ascension effectuée : la motivation de l'ascension présuppose l'accomplissement de l'ascension ; le commencement se précède lui-même.

Il y a donc une inévitable *imperfection* de l'exposé de la réduction. En effet, celle-ci ne peut s'exposer d'abord que dans les concepts de l'attitude naturelle, qu'elle vise précisément à dépasser. La thématiser rigoureusement serait recourir à des concepts qui ne seront possédés qu'au terme de celle-ci. Il suit de là que la *thématisation* de la réduction va être *transformée*, c'est-à-dire *relevée* (*aufgehobt*), à mesure que la réduction s'accomplit. Autrement dit, la réduction insuffle un sens nouveau aux concepts dans lesquels commence son exposition (selon un mouvement en zigzag).

Ceci est d'une importance capitale pour comprendre les *Ideen I*. Comme on le verra (notre plan le montre), Husserl expose l'*épochè*, puis propose une analyse eidétique de la conscience et de la réalité qui débouche sur une analyse de la conscience comme « résidu » de la réduction. Cette analyse est incontestablement en retrait vis-à-vis de l'*épochè* : elle se tient, dit Fink, entre l'attitude naturelle et l'attitude transcendantale. C'est seulement à partir du § 50 que le passage s'opère de l'idée de la conscience comme *région* résistant à la réduction, à l'idée de la

---

1. *Cf.* E. Fink, « Que veut la phénoménologie d'Edmund Husserl ? », dans *De la phénoménologie, op. cit.*, p. 178.

conscience comme conscience constituante, c'est-à-dire être absolu recelant en soi les transcendances (*cf.* p. 166).

Or, cette complexité de la démarche n'est pas à mettre au compte d'une inconséquence de Husserl mais de la nécessaire thématisation du transcendantal en termes mondains. Il y a donc comme un inévitable retard de la phénoménologie sur elle-même. Chaque progrès, chaque avancée sont d'abord thématisés dans la conceptualité propre à ce qu'ils viennent de dépasser. C'est donc seulement à son terme que la phénoménologie disposera d'une conceptualité qui lui sera pleinement adéquate [1].

b) *L'attitude naturelle*

La mise en œuvre de l'*épochè* commence par une description de l'attitude naturelle. Or, il faut noter immédiatement que les considérations précédentes valent pleinement ici. Il est vrai qu'il n'y a d'attitude naturelle que par différence et donc *par rapport* à l'attitude transcendantale. Pour qui vit dans cette attitude naturelle, celle-ci n'est pas comprise comme une certaine attitude et encore moins comme une certaine naïveté. Le propre de l'attitude naturelle, c'est le *dogmatisme*, l'absence d'interrogation. Cependant, d'autre part, cette thématisation de l'attitude antérieure à l'*épochè* se développe sur le terrain même de l'attitude naturelle et non pas encore selon sa signification transcendantale authentique, que libérera la réduction en la suspendant.

Comment caractériser cette attitude naturelle ? Elle est une certaine thèse, une position, qui porte sur l'existence, sur l'être-là du monde. Elle est « croyance en l'existence

---

1. *Cf.* E. Fink, *De la phénoménologie, op. cit.*, p. 126-130 et 146-148.

du monde ». Je cite Husserl : « je trouve sans cesse présente, comme me faisant vis-à-vis, une unique réalité spatio-temporelle dont je fais moi-même partie, ainsi que tous les autres hommes qui s'y rencontrent et se rapportent à elle de la même façon. La "réalité" (*Wirklichkeit*), (…) je la découvre *comme existant* et *je l'accueille, comme elle se donne à moi, également comme existant* » (*Ideen I*, § 30, p. 95).

Cette attitude est d'abord, du point de vue de son *extension*, conscience permanente d'un monde unique qui s'étend sans fin dans le temps et l'espace. Dans ce monde sont présents pour moi des choses, des animaux, d'autres hommes : ils sont reçus comme là, c'est-à-dire comme étant *dans* ce monde. Corrélativement, ce qui est perçu, même de façon confuse, et ce qui environne immédiatement l'objet perçu n'épuise pas ce qui est là pour moi. Ce qui est perçu « est pour une part traversé, pour une part environné par un *horizon obscurément conscient de réalité indéterminée* » (*ibid.*, § 27, p. 89). Ajoutons que cet horizon a un sens temporel également.

Ce monde ne contient pas seulement des choses ou des vivants, il contient également des œuvres, des valeurs, des biens. Il contient, enfin, des environnements idéaux, corrélats d'actes de connaissance. Ainsi, dans l'attitude naturelle, les nombres sont là pour moi, tels que je les rencontre dans l'acte de numération.

D'autre part, ce monde qui me fait vis-à-vis me contient au même titre que les autres hommes : le sujet de la croyance est intégré à l'objet de sa croyance. Dans l'attitude naturelle, je me saisis comme homme, c'est-à-dire comme réalité psychique insérée par son corps dans ce monde.

Ainsi, l'attitude naturelle consiste à découvrir ou reconnaître un champ unique et indéfini, *le monde*, auquel tout ce que je peux rencontrer appartient et sera considéré comme réel, comme étant, comme là, en vertu de cette appartenance même.

En effet, en quoi consiste rigoureusement ce monde? Ce n'est pas un cadre ou une forme vide puisque je le rencontre, puisqu'il fait l'objet d'une « thèse ». Il est plutôt ce qu'il y a de moins formel. Mais, d'autre part, il n'est pas une *réalité positive* comparable à une chose, ni même la somme de ces choses : il est plutôt ce par quoi, en vertu de quoi, on les saisit comme effectivement présentes, comme réelles. Il est donc cela que toutes les choses ont en commun et qui ne se distingue pourtant pas de chacune d'elles : un contenant qui n'est pas distinct de ce qu'il contient et dont l'extension est déterminée par ses contenus, un champ qui est engendré par ce qui y prend place. C'est un élément dans lequel les réalités « baignent » et dont elles sont faites. Mais en quoi consiste exactement cette thèse, cette position?

Bien entendu, cette thèse du monde n'est pas une prise de position positive, métaphysique, concernant le statut ontologique du monde : affirmation de l'existence en soi du monde. La thèse du monde ne va pas jusque-là. En revanche, on peut dire que le *naturalisme*, l'ontologie réaliste et naturaliste procède d'un accomplissement, d'une thématisation de la thèse naturelle. La découverte du monde comme réalité me faisant vis-à-vis est convertie, traduite en *position métaphysique* du monde comme réalité absolue, reposant en elle-même.

La thèse du monde est donc en deçà de toute prise de position théorique car elle est en deçà de l'interrogation : c'est pourquoi on peut parler de *croyance*. Merleau-Ponty parlera de *foi perceptive*, signifiant par là que nous sommes dans un ordre autre que celui du savoir. Mais, en toute rigueur, on ne peut même pas parler de thèse, de position ou de croyance : en effet, l'attitude naturelle est caractérisée par Husserl par sa dimension de *réceptivité*. Le monde n'est pas posé, il est rencontré, découvert. Le propre de l'attitude naturelle, c'est justement que le monde se donne comme *antérieur* et *fondateur* vis-à-vis des actes par lesquels je me rapporte à lui – et non pas comme le corrélat de ces actes, c'est-à-dire comme posé par eux. Dès lors, en vertu même de cette thèse naturelle, la dimension proprement subjective du rapport au monde est elle-même conçue de manière *intramondaine*, la position du monde comprise comme événement dans le monde, c'est-à-dire comme vécu psychique d'un homme particulier. Comme le dit très bien Fink : « Que la croyance humaine au monde soit elle-même dans le monde appartient encore au contenu de cette croyance » [1].

Ainsi, la dimension positive de l'attitude naturelle que semblent indiquer les concepts de thèse, de position, doit être considérée comme apparente. Si le monde est vécu, et, par là même, jugé comme étant réel, si je le trouve comme là, si je l'accepte comme étant, ce n'est pas en tant qu'il est effectivement réel, mais en tant seulement qu'est occultée la dimension subjective dont procède ce monde. La positivité du monde, vécue dans l'attitude naturelle, est en fait négativité, c'est-à-dire *occultation* de la vie transcendantale, qui est, elle, l'authentique positivité. La réalité que l'attitude naturelle reconnaît au monde (et lui confère) n'est pas quelque chose qui viendrait s'ajouter au monde comme une dimension supplémentaire, mais au contraire la manière dont il se donne en tant qu'il est séparé de sa source : la détermination du monde comme *être-là*,

---

1. E. Fink, *De la phénoménologie, op. cit.*, p. 134.

comme *présence*, exprime seulement l'absence de la vie transcendantale. Le monde paraît réel au sens de l'attitude naturelle parce qu'il s'ignore comme constitué : la vérité de cette réalité est une méconnaissance.

C'est pourquoi on peut dire que la thèse naturelle n'est pas tant une croyance au monde qu'une *occultation de la croyance* comme position subjective du monde. Comme le dit Ricœur : « C'est plutôt une opération qui s'immisce dans l'intuition et dans la croyance et rend le sujet captif de ce voir et de ce croire, au point qu'il s'omet lui-même dans la position ontique de ceci ou de cela [1]. » Ainsi, l'attitude naturelle est naturelle en tant que naïve, spontanée, et, d'autre part, en tant que nécessairement impliquée par la vie transcendantale : par une sorte d'*inversion intentionnelle*, le sujet qui est à la source du monde est comme absorbé par ce monde et s'aperçoit comme appelé par le monde qu'il a pourtant fait paraître. L'auto-occultation de la vie transcendantale est précisément impliquée par sa dimension transcendantale, c'est-à-dire constitutive d'un monde.

Corrélativement, la réduction va plutôt consister, en toute rigueur, à mettre au jour la dimension de croyance, c'est-à-dire de *production subjective*, au sein de l'attitude naturelle. Comme le dit très bien Fink, l'*épochè* « n'est pas (…) l'invalidation d'une croyance déjà reconnue comme croyance, mais l'authentique *découverte de la croyance au monde*, la découverte du monde comme *dogme transcendantal* » [2]. C'est pourquoi la dimension négative ou limitative de la réduction ne sera qu'apparente : cette

1. P. Ricœur, *À l'école de la phénoménologie*, Paris, Vrin, 1986, p. 228.
2. E. Fink, *De la phénoménologie, op. cit.*, p. 135.

réduction sera une délimitation, c'est-à-dire une *démondanéisation* de la croyance naturelle et donc une libération de son sens authentique, œuvre d'une vie transcendantale. On comprend donc déjà que si la positivité de la thèse du monde recouvre en réalité une occultation, c'est-à-dire une limitation, inversement, la négativité de la réduction, comme limitation de la thèse naturelle, recouvrira une dimension positive de *libération*. La réduction sera bien une reconduction (*re-ducere*). Le passage de l'attitude naturelle à l'attitude transcendantale devra donc être compris comme ce *changement de signe* : découverte d'une négativité au sein de ce qui se donne comme positif et, partant, d'une nouvelle positivité, transcendantale, comme envers de cette négativité.

Finalement, l'ambiguïté de la notion de croyance exprime bien ce qui est en jeu. Le propre de la croyance est de s'ignorer comme telle et donc de s'apparaître comme découverte ou reconnaissance de l'objet posé par la croyance. La réduction consistera alors à dégager la croyance comme telle, c'est-à-dire comme œuvre subjective, production, et à référer par conséquent à cette production ce qui était d'abord vécu comme réel, comme donné.

c) *L'épochè (Ideen I, § 31-32 ; MC I, § 8)*

La thèse de l'attitude naturelle signifie que nous prenons conscience du monde comme d'une *réalité existante*. Naturellement, cette thèse ne prend pas nécessairement la forme d'un *jugement portant sur l'existence*. Le jugement d'existence explicite consiste à transformer en thème, à saisir sous forme prédicative ce qui est impliqué dans l'expérience naturelle.

Nous pouvons néanmoins faire subir à la thèse potentielle la même altération que celle qui porte sur un jugement explicite. Autrement dit, il n'est pas nécessaire que la thèse naturelle soit explicite pour être altérée. L'*épochè* est donc une altération d'un type tout à fait singulier. Elle consiste, dit Husserl, à mettre « hors-jeu », « hors circuit », « entre parenthèses » la thèse du monde : cette thèse demeure, en un sens, intacte, mais je ne l'effectue plus, je n'y adhère plus, je ne la considère plus comme valable. Le monde continue de paraître, de se donner, là devant moi, mais je cesse en même temps d'effectuer la position de ce qui se présente. Comme le dit bien Husserl : « Au lieu d'exister simplement, c'est-à-dire de se présenter à nous tout simplement dans la croyance existentielle (...) de l'expérience, ce monde n'est pour nous qu'un simple phénomène élevant une prétention d'existence » (*MC* I, § 8, p. 16/43).

Cette *épochè* peut être distinguée de deux autres types de modifications.

1. Tout d'abord de ce que Husserl appelle des *modalités doxiques* (*Ideen I*, § 103-104). Il s'agit de caractères ou de modalités de croyance auxquels correspondent des caractères d'être. La croyance-mère (*Urform, Urdoxa*) est la certitude qui pose l'objet comme *réel*. Cette croyance certaine peut se transformer en supputation, interrogation, doute, à quoi correspond, au niveau de l'être, le possible, le problématique, le douteux. Or, l'*épochè* ne peut rentrer dans ce cadre car toutes ces formes se situent *à l'intérieur* de la thèse du monde et présupposent la croyance au monde. Il ne s'agit pas du tout, avec l'*épochè*, de contester une certitude du monde et de la modaliser, c'est-à-dire de transformer le réel en vraisemblable ou en possible.

2. Mais l'*épochè* n'est pas non plus une négation. Celle-ci porte sur une modalité quelconque de la croyance, c'est-à-dire sur une position au sens large : elle consiste à la biffer, à la supprimer. C'est pourquoi la comparaison avec l'*épochè* est justifiée. Mais la différence capitale tient à ceci que la négation est encore un *mode de position*. Elle affirme que telle réalité n'est pas, elle affirme la non-réalité de ce qui était posé ; mais, par là même, elle est encore tributaire de la réalité, elle demeure intérieure à la thèse d'existence. Comme l'écrit Husserl : la négation « a une action positive dans le *negatum* : elle y introduit un non-être qui est lui-même à son tour un être » (*ibid.*, § 109, p. 367). Autrement dit, en tant qu'elle est action, la négation pose une réalité, qui a simplement pour « contenu » un non-être.

Or, le propre de l'*épochè*, c'est-à-dire de la modification de neutralité, c'est justement qu'elle *ne pose rien*, qu'elle *n'agit pas* : elle *laisse en suspens* ce qui était posé, elle ne coopère plus à la thèse, elle « dévitalise » la position d'existence. Ainsi, elle ne fait pas passer du réel au vraisemblable ou au possible, ni du réel au non-être ou non-réel, mais du réel au phénomène du réel. Elle n'est pas *thèse de non-réalité* mais *non-thèse de réalité*. Ajoutons que les sciences sont mises hors-circuit, en tant que leurs vérités portent sur un monde réel, qu'elles exercent la thèse d'existence.

Cette caractérisation nous permet de la comparer au doute cartésien et, partant, d'en apercevoir la signification véritable. Husserl lui-même la confronte au doute, à la fois pour l'y apparenter et l'opposer. En effet, l'*épochè* peut être ressaisie comme un *moment intérieur* au doute : « la *tentative* de douter de quelque objet de conscience *en tant que présent a nécessairement pour effet de suspendre la "thèse"* ; c'est précisément cela qui nous intéresse » (*ibid.*, § 31, p. 98). Simplement, il faut ajouter que, chez Descartes, cette suspension est convertie aussitôt en une *nouvelle thèse* – à savoir celle du monde comme douteux –, nouvelle modalité doxique. Puis, au moment de la mise en œuvre du doute hyperbolique, cette modalité doxique est volontairement transformée en thèse de non-réalité (supposons que le monde ne soit pas). L'*épochè* désigne, elle, ce moment intérieur au doute, plus profond que lui, moment d'abstention exigé par le passage du certain au douteux.

Dès lors, la différence avec le doute est patente. Le projet cartésien est épistémologique : il s'agit d'entrer en possession d'une certitude qui soit absolue. Le doute méthodique est motivé par l'expérience d'un ébranlement de la certitude initiale concernant l'existence du monde. À l'occasion des erreurs des sens et du rêve, je découvre que ce monde que je posais avec certitude, c'est-à-dire comme réel, s'avère douteux. Afin donc d'accéder à ce qui existe réellement, c'est-à-dire à une certitude absolue, Descartes *hyperbolise* la moindre raison de douter en supposition de non-existence : il passe de la modalité du douteux à la thèse de non-existence. Cependant, il apparaît que son *radicalisme apparent* recouvre une *absence de radicalité* et, plus précisément, que son radicalisme épistémologique recouvre une absence de radicalisme ontologique. Il se meut en effet au sein même de la thèse d'existence, c'est-à-dire de l'attitude naturelle : supposer que le monde n'est pas, c'est entériner négativement le mode de réalité qui était le sien avant le doute. Demander si le monde existe, ce n'est pas demander *ce que signifie exister* pour ce monde : le doute cartésien présuppose le sens d'être naïvement accordé au monde. Simplement, il tente de sauver une parcelle du réel mondain, c'est-à-dire d'obtenir un étant indubitable, une région du monde échappant au doute. L'absence de radicalité est patente : Descartes n'interroge pas *le sens d'être* du monde, c'est-à-dire ce que signifie « réalité » ; ontologiquement, il demeure sur le même plan que le préjugé qu'il dénonce épistémologiquement.

On voit l'ensemble de conséquences qui procède de cette orientation initiale. La certitude du *cogito* reviendra à préserver un étant du doute : mais le sens d'être du *sum*, première certitude, sera exactement celui qui avait d'abord été refusé au monde, à savoir l'existence naturelle. Le *cogito* existe sur le même mode que les étants dont l'existence fut mise en doute, c'est-à-dire comme *réalité intramondaine*. Il n'est pas surprenant alors que Descartes détermine l'*ego* comme « chose qui pense », « *substantia cogitans* », « *mens sive anima* » : « C'est cette confusion, dit Husserl, qui a fait de Descartes le père de ce contresens philosophique qu'est le réalisme transcendantal » (*MC* I, § 10, p. 21/51-52). Dès lors, Descartes pourra mettre en œuvre le modèle mathématique dont il se revendique : l'*ego cogito* pourra tenir lieu d'axiome apodictique servant de fondement à une science explicative et déductive. Enfin, en substantialisant ainsi la conscience, Descartes est contraint de déterminer ses vécus comme des *représentations*, c'est-à-dire comme des contenus immanents à cette conscience. D'où la question de la valeur objective de ces représentations. Il s'agit en effet de comprendre comment une parcelle du monde peut connaître le monde, le faire paraître. La réponse résidera dans la véracité divine, dans *l'accord* qu'elle instaure entre les évidences de l'entendement et l'essence du réel : Dieu vient articuler une conscience et un monde qui étaient séparés parce que substantialisés.

On pourrait dire, au contraire, que l'apparente absence de radicalité de l'*épochè* husserlienne recouvre une radicalité beaucoup plus grande, tout au moins ontologiquement. Il ne s'agit pas pour Husserl de modaliser ou de nier la certitude du monde, c'est-à-dire sa réalité. Il n'est donc pas question de briser notre lien originaire et irréductible avec le monde. Mais, en neutralisant la thèse du monde, c'est-à-dire la forme naturelle que prend ce lien avec le monde, Husserl fait paraître précisément ce lien comme tel, c'est-à-dire l'appartenance du monde à la subjectivité. L'*épochè* permet ainsi d'interroger le sens d'être du monde qui nous est donné, de comprendre en quel sens le monde est réel, de saisir *ce que signifie exister* pour ce monde, dont on ne peut justement pas douter. Il s'agit, par cette mise en suspens de la thèse naturelle, de convertir sa dimension *ontique* en dimension constituée. En maintenant la thèse du monde, tout en cessant de l'habiter, d'y adhérer, l'*épochè* la fait paraître comme ce qu'elle est, à savoir précisément comme thèse au sens d'une œuvre subjective : en neutralisant l'attitude naturelle, on fait en sorte que la réalité posée cesse de voiler la vie qui la pose ; on découvre que ce qui sous-tend la croyance au monde n'est pas l'être réel du monde mais l'être-subjectif de la thèse.

On pressent d'ores et déjà que l'enchaînement des conséquences observé chez Descartes sera dépassé. En découvrant que la réalité du monde n'est autre que l'effet d'une occultation de son être constitué, on découvre par là même que la subjectivité constituante ne saurait exister au même plan et de la même façon que le monde. L'*épochè* permettra de dépasser la corrélation réelle entre deux substances au profit de la constitution transcendantale du monde dans la subjectivité.

On peut donc marquer la différence entre doute et *épochè* sur au moins quatre points[1]. *a)* Le doute a une motivation qui lui est extérieure ; l'*épochè* est immotivée. *b)* Le doute est un instrument dont la fin doit être son abolition : il est provisoire ; l'*épochè* est définitive. *c)* Le doute est négation de la thèse d'existence et demeure donc intérieure à celle-ci ; l'*épochè* est neutralisation. *d)* Le doute révèle le moi qui doute comme échappant au doute ; l'*épochè* inclut le moi qui pratique l'*épochè*, en tant que moi mondain ou empirique.

Nous avions dit pour commencer que l'*épochè* était le geste inaugural du philosopher, c'est-à-dire – on le comprend maintenant – l'entrée dans la dimension de l'interrogation ontologique. Or, elle peut précisément être caractérisée comme ce qui, aux yeux des Grecs, était l'acte de naissance même de la philosophie, à savoir comme *étonnement*. Sur ce point, Fink déclare : « Par l'étonnement, l'évident devient incompréhensible, l'ordinaire extraordinaire sans que cela ait lieu sur le mode *familier* de l'incompréhensible ou d'un pur et simple retournement. L'étonnement rend le bien-connu inconnu, et cela en un sens jusqu'alors inconnu, le familier non-familier et cela en un sens non familier[2]. » L'étonnement est en effet rupture avec la familiarité, il concerne ce qui jusqu'alors allait de soi ; et ce qui, jusqu'alors, allait de soi, c'est que ce que je rencontre existe réellement. Seulement, d'autre part, cette rupture elle-même, cette distance ne correspond pas aux modes

1. *Cf.* A. Löwit, « "*L'épochè*" de Husserl et le doute de Descartes », *Revue de Métaphysique et de Morale*, 1957/4.
2. E. Fink, *De la phénoménologie, op. cit.*, p. 202 ; *cf.* p. 135.

habituels de mise à distance : l'étonnant n'est pas l'inconnu, le douteux ou le non-être (c'est-à-dire la découverte d'une illusion). Autrement dit, le réel demeure intact, il prétend toujours à l'existence, mais celle-ci, qui allait de soi, devient un mystère, devient incompréhensible. Le plus familier est le plus incompréhensible. L'étonnement est donc un ébranlement au sein de la stabilité, une néantisation au sein même de la positivité : en et par sa plénitude, la présence recule dans une sorte d'absence, un non-être l'affecte sans que pourtant son être soit le moins du monde entamé. Tel est exactement le sens de l'*épochè*.

2. *L'eidétique de la conscience et de la réalité*

a) *La composition de la perception*

L'*épochè* est un geste initial, inaugural : elle permet de mettre au jour et de conquérir la conscience transcendantale, à savoir une conscience qui constitue en son sein la transcendance qui caractérise la réalité elle-même. Les *Méditations cartésiennes* passent directement de l'*épochè* à cet *ego* transcendantal (I, § 8, p. 18/46-47). Mais les *Ideen I* vont tenter d'*expliciter le passage* de l'*épochè* au transcendantal, c'est-à-dire de montrer que le « résidu » de l'*épochè* est bien la conscience. Cette démonstration exige une prise en considération de l'essence de la conscience, c'est-à-dire le développement d'une psychologie phénoménologique, c'est-à-dire eidétique. Or, cette analyse qui vise à comprendre le résultat de l'*épochè*, se situe nécessairement en deçà d'elle, c'est-à-dire au sein de l'attitude naturelle : c'est précisément ce qui sépare une psychologie intentionnelle d'une phénoménologie transcendantale. C'est pourquoi Husserl peut écrire : « Nous commençons par une série d'analyses à l'intérieur desquelles nous ne nous plierons à aucune *ἐποχή* phénoménologique » (§ 34, p. 109). Aussi la seconde section des *Ideen I* – tout au moins jusqu'au § 50 – a-t-elle un *statut intermédiaire*, entre l'attitude naturelle et l'attitude transcendantale, entre la psychologie intentionnelle et la phénoménologie transcendantale. En d'autres termes, Husserl a « le regard fixé » (§ 33, p. 107) sur la conscience transcendantale et il s'agit d'y conduire par l'*épochè* en prenant appui sur une eidétique de la conscience.

Ce mouvement peut lui-même être saisi selon deux temps, qui correspondent aux deux versants de l'eidétique de la conscience.

En effet, celle-ci apparaît, en tant que constituée de vécus, comme un absolu : le propre du vécu est qu'il ne peut être mis en doute, son apparaître détermine son être. De ce point de vue, la conscience apparaît comme le *résidu* de l'*épochè*, c'est-à-dire comme une région non affectée par la neutralisation de la thèse d'existence.

Seulement, d'autre part, la conscience apparaîtra comme *intentionnelle*, c'est-à-dire comme visant un objet qui s'esquisse dans des aspects. Une fois l'*épochè* accomplie, cette relation intentionnelle se transformera en relation transcendantale, l'*être visé* de l'objet se transformera en *être constitué*. Autrement dit, une fois ce renversement opéré, la différence entre conscience et objet n'apparaîtra plus comme une différence régionale, mais comme une différence *transcendantale*, c'est-à-dire *ontologique*. La conscience devient l'*Ur-Region*, autrement dit l'être dont tout être tire son être, l'Absolu non seulement comme ce qui échappe au doute, mais aussi comme ce à quoi tout est relatif, c'est-à-dire ontologiquement dépendant. Ainsi, l'analyse intentionnelle (psychologique) permet d'accomplir la réduction ouverte par l'*épochè* : elle permet de convertir la relation ontique de la conscience et du monde (relation entre deux étants intra-mondains), caractéristique de l'attitude naturelle, en sa signification authentique, à savoir en relation de constitution transcendantale. Il nous faut donc examiner cette analyse eidétique.

La question qui se pose, au terme de l'exposé de l'*épochè*, est la suivante : « *Que peut-il donc subsister quand on met hors circuit le monde entier, y compris nous-mêmes* (…)? » (§ 33, p. 106). La réponse réside dans la conscience – qui sera alors déterminée comme transcendantale. Afin de le montrer, il faut procéder à une eidétique de la conscience dans l'attitude naturelle. Mais il faut préciser le *champ* qui fait l'objet de cette eidétique. Il s'agit du *vécu* de conscience en général, qui comprend tout ce qui relevait du Je pense cartésien : « je perçois, j'imagine, je sens, je désire, je veux, etc. ». Cependant, ce champ des vécus de conscience va être restreint au cas d'une conscience spécifique, à savoir la conscience *perceptive*. En effet, la source ultime à laquelle s'alimente la thèse du monde propre à l'attitude naturelle – source qui permet de poser des choses existantes face à la conscience et de m'inclure par l'intermédiaire de mon corps dans ce monde – est la *perception sensible*. Notons que, pour Husserl, la perception est fondatrice par rapport à tous les actes – même catégoriaux et eidétiques.

La concentration sur la perception permet de *spécifier* les problèmes auxquels une eidétique de la conscience devra se confronter. Une conscience perceptive est, par définition, « conscience de la présence corporelle en personne d'un objet individuel ». Dès lors, en tant que l'objet perçu est l'être-autre de la conscience : « Comment (…) *se dissocient* (…) la *conscience même* (…) et *l'être perçu* qui par elle accède à la conscience, en tant qu'être "*opposé*" à la conscience, [c'est-à-dire] en tant qu'être "*en soi et pour soi*"? » (§ 39, p. 127 ; je souligne « se dissocient »). Corrélativement, comment la conscience et le perçu entrent-ils en rapport l'un avec l'autre ? On voit que, contrairement à ce qui advenait dans les *Recherches logiques V* et *VI*, l'interrogation est orientée vers le *pôle noématique* : il s'agit de comprendre comment le perçu peut, comme tel, renvoyer à la conscience tout en lui faisant vis-à-vis, comment l'altérité de l'objet est conciliable avec son appartenance à la conscience.

Mais cette analyse de la conscience perceptive, c'est-à-dire des vécus impliqués dans la perception, comporte une difficulté préjudicielle, qui concerne la possibilité d'une telle analyse. C'est le problème de la réflexion, que j'ai évoqué déjà en le réservant pour la suite (cf. *Ideen I*, § 34, 38, 45, 77-79).

La réflexion est le procédé fondamental de la phénoménologie en tant que description des vécus : c'est donc la possibilité même de la phénoménologie qui est en jeu dans la question de la réflexion. La réflexion est une *modification du vécu* par laquelle il devient *objet intentionnel d'une perception* : ce qui était simplement vécu devient objet d'un nouveau vécu, le vécu de la réflexion. Celui-ci peut naturellement, en tant que vécu, faire l'objet d'une nouvelle réflexion, et ceci à l'infini. Or, note Husserl, cette possibilité d'être réfléchi – possibilité de transformation de la conscience irréfléchie en conscience réflexive – fait partie de *l'essence du vécu*, c'est-à-dire est une propriété du vécu en tant que vécu. Ainsi, la réflexion atteint le vécu comme *déjà là* avant l'acte réflexif, et tel qu'il était avant cet acte réflexif. Husserl refuse donc l'objection sceptique (qu'il discute au § 79), selon laquelle le vécu subirait une transformation du fait de la réflexion, de sorte qu'on ne pourrait, par principe, atteindre dans la réflexion le vécu en lui-même, tel qu'il était « avant » cette réflexion. Qu'est-ce qui motive ce refus ? Qu'est-ce qui permet à Husserl de récuser le scepticisme ?

Deux types de considérations :

a) Comme le dit très bien Ricœur, il ne peut s'agir de *démontrer* ce point : il faut en revenir à l'intuition. La seule argumentation consistera donc à montrer l'absurdité de la thèse adverse. Souvenons-nous de la critique du scepticisme dans les *Recherches logiques*, que Husserl reprend ici : « Tout scepticisme authentique (...) se signale par [une] absurdité (...) qui l'atteint dans son principe : au cours de son argumentation, il présuppose implicitement, à titre de condition de possibilité, cela même qu'il nie dans ses thèses » (§ 79, p. 263). Le sceptique affirme : « Je doute de la signification cognitive de la réflexion » (*ibid.*). C'est une absurdité, car pour se prononcer sur son doute, il use de la réflexion et présuppose donc que la réflexion atteint le vécu non réfléchi, ici le vécu de doute. Le contenu de l'énoncé est contredit par sa position comme énoncé. D'autre part, en évoquant une transformation du vécu non réfléchi par la réflexion, on présuppose un savoir exact de ce vécu non réfléchi vis-à-vis duquel l'altération est mesurée – et on présuppose ce savoir à l'instant même où l'on en récuse la possibilité.

b) Mais il y a une autre considération, en quelque sorte plus directe, qui sous-tend l'affirmation de Husserl. Cette affirmation peut prendre la forme d'un énoncé concernant la connaissance par la réflexion du vécu irréfléchi. Seulement, ce rapport de connaissance renvoie à ce qu'on pourrait appeler *un rapport d'être* : la réflexion n'est pas un acte qui viendrait s'ajouter comme de l'extérieur à un vécu en lui-même indifférent à celle-ci. La réflexion est une possibilité fondée dans l'être même du vécu : c'est une propriété essentielle du vécu. Comme l'écrit Husserl au § 45 : « Le type d'être propre au vécu implique que le regard d'une perception intuitive peut se diriger sur tout vécu réel et vivant en tant que présence originaire. Ce regard a lieu sous la forme de la "*réflexion*" » (p. 146). Autrement dit, les vécus sont par principe « *prêts à être perçus* » – et cela parce qu'ils *sont* des vécus, c'est-à-dire sont caractérisés par la *présence à soi*. C'est donc parce que toute conscience existe comme présente à elle-même qu'elle peut par principe faire l'objet d'une réflexion. On voit donc en quoi on peut en tirer une justification de la thèse de Husserl : puisque le vécu est prêt à être perçu, c'est-à-dire s'offre de lui-même à la réflexion, celle-ci ne peut le déformer. Avec la réflexion, on passe d'une *conscience implicite* à une *conscience thématique* ou perceptive et non d'une *réalité* à la *connaissance* de cette réalité.

On voit donc que le questionnement sceptique lui-même, consistant à demander si la réflexion peut atteindre le vécu tel qu'il est, repose sur une méconnaissance fondamentale de l'essence du vécu, qui conduit à l'assimiler à une chose, dont la réflexion serait l'acte de connaissance. En réalité, le problème ne se pose pas puisque le propre du vécu est d'être présent à lui-même, d'*être* son propre *apparaître* : la conscience non réfléchie est l'identité d'une distance et d'une proximité ; elle ne se sépare d'elle-même que pour se saisir elle-même. Dès lors, dans cette séparation un peu plus nette qu'est une réflexion, elle sera également atteinte en elle-même.

Cependant, cette thèse fondamentale de Husserl pose un problème en ceci que l'argumentation peut se retourner complètement. En effet, si la réflexion ne trahit pas le vécu, le livre *lui-même*, c'est parce que le vécu existe sur le mode de la présence à soi. Et, comme nous le verrons bientôt, cette présence à soi caractérise l'être même du vécu (la certitude de la conscience n'exprime pas un caractère de connaissance, mais une dimension de son être). Seulement, toute la question porte évidemment sur la *nature* de cette présence à soi. Or, l'originalité de cette présence à soi est-elle vraiment préservée, dès lors qu'elle peut donner lieu à la réflexion, c'est-à-dire que la réflexion est en continuité avec le vécu irréfléchi ? Dans la réflexion, le vécu devient objet intentionnel (« chaque vécu que le regard de la réflexion peut atteindre a une essence propre que l'intuition a pour tâche de saisir, un contenu qui peut être considéré en soi-même et selon sa spécificité ») : même si, bien sûr, le vécu n'est pas un objet au sens où l'est la chose transcendante, il demeure que la possibilité non problématique pour le vécu de devenir *objet* de réflexion conduit à douter de la radicalité de la pensée husserlienne du vécu. N'est-ce pas nécessairement lui conférer une positivité, introduire en lui une *dualité* ou une scission, aussi infime soit-elle, qui est plutôt celle de la *conscience* et du *monde* ? Si le vécu est susceptible d'être objet pour lui-même, c'est que sa présence à lui-même a quelque chose à voir avec celle de l'objet. Et, en effet, ce point sera un lieu d'achoppement au moins implicite pour les phénoménologues *post-husserliens*.

C'est la position de Sartre qui reconnaît la spécificité de *la conscience non-thétique de soi* et qui montre que la réflexion correspond à une projection au sein de la conscience du couple conscience-objet, c'est-à-dire d'une conscience positionnelle. Précisément parce que la conscience existe sur un mode spécifique, la réflexion, en tant que dualité, correspond à une transformation de la conscience irréfléchie (seconde ekstase, c'est-à-dire tentative de réaliser la valeur, de se faire « en soi pour soi »).

C'est surtout la position de Michel Henry, qui voit dans la détermination husserlienne de la conscience un mode exemplaire de ce qui est selon lui au cœur de la tradition métaphysique – à savoir la subordination de la phénoménalité à la transcendance, à l'ek-statique. La transcendance est à l'œuvre dans la définition husserlienne de l'être immanent, c'est-à-dire de la conscience : c'est précisément ce que montre cette possibilité de la réflexion. Cette phénoménalité originaire qu'est la conscience de soi implique déjà une distance à soi. À quoi il faut opposer un sens originaire de la phénoménalité comme immanence radicale, absence de distance : la phénoménalité originaire est l'*affectivité* comme *auto-affection pure*.

Mais, comme on le verra bientôt, la critique peut être faite dans une perspective opposée à celle de Michel Henry, c'est-à-dire au nom d'une philosophie de la transcendance : objet de la réflexion, le vécu est un être positif, distinct en droit de ce qu'il vit, c'est-à-dire du monde qu'il vise. Or, cette distinction est-elle pertinente ? Peut-on distinguer un vécu positif de l'apparaître même de l'objet ? Cette direction serait plutôt celle de Merleau-Ponty et Patočka.

Finalement, le statut de la réflexion peut être dénoncé aussi bien au nom d'une philosophie de la conscience comme immanence absolue (sans réflexion possible) que d'une philosophie récusant toute immanence subjective distincte de la phénoménalité du monde.

Cette remarque préliminaire étant faite, on peut se concentrer sur la *perception*.

Il faut d'abord mettre l'accent sur un aspect fondamental du vécu perceptif (*Ideen I*, § 35 ; *MC* II, § 19). Tout ce qui est perçu se détache sur un arrière-plan d'expérience qui est indéterminé et s'étend indéfiniment (la table autour du papier, la pièce autour de moi, la maison, le jardin…). Percevoir, c'est apercevoir, c'est se tourner vers l'objet et le saisir comme « étant ceci ici maintenant ». La perception est *ex-ception* (*Der Erfassen ist ein Herausfassen*). Or, nous avons toujours la possibilité de nous tourner, par une conversion du regard, vers ce qui était jusqu'ici implicite pour en faire l'objet d'une perception explicite (ce qui auparavant était explicite devient alors implicite).

Cette description nous introduit à des déterminations eidétiques : « *le flux du vécu ne peut jamais être constitué de pures actualités* » (*Ideen I*, § 35, p. 114). À toute conscience actuelle appartient une conscience inactuelle : conscience implicite ou potentielle de ce qui est co-perçu dans la conscience actuelle. D'autre part, l'essence des vécus implique la modification qui fait passer l'actuel dans l'inactuel et ce qui n'était que potentiel dans l'actuel.

Cette précision étant apportée, de quoi la conscience perceptive est-elle *composée* ? (Cf. *Ideen I*, § 41, 85, 97.) Husserl prend pour point de départ une description de la perception concrète. Soit cette table : je la perçois continuellement et, si j'en fais le tour, m'en éloigne, ferme les yeux puis les ouvre, etc., je continue à la percevoir comme une seule et même table. Ainsi, alors que la *perception* de la table ne cesse de varier, la table *perçue*, elle, demeure la même. Il faut donc marquer la *différence* entre *le vécu de la table* qui s'écoule dans le temps et change sans cesse, et *la table elle-même*, l'*objet intentionnel* qui, en tant qu'identique, est *transcendant* au vécu. Mais, si l'objet est transcendant au vécu, cela ne signifie pas qu'il soit autonome, indépendant du vécu : c'est au contraire au sein du vécu que l'objet transcendant se donne. Si le vécu immanent ne suffit pas à donner l'objet, il est certain que la disparition des vécus, des moments de perception, serait celle de l'objet perçu. Tel est le mystère de l'apparaître : *quelque chose* apparaît à *quelqu'un*; une *unité transcendante* se donne *à travers une multiplicité de vécus*. Distinct des vécus de perception, l'objet perçu a besoin de ces vécus.

Le concept fondamental d'*esquisse* (all. *Abschattung*, angl. *Adumbration*) rend compte de la situation. On dira que tel objet, ou tel moment de l'objet, apparaît sans cesse, de manière nouvelle, dans des *esquisses toujours nouvelles*. Le concept d'esquisse nomme la *double relation* que nous venons de décrire : l'esquisse présente le « modèle » (l'objet), elle y introduit; mais, d'autre part, elle *n'*est *qu'*une esquisse, c'est-à-dire qu'elle le présente de manière partielle, fragmentaire. Le concept d'esquisse nomme l'*ambivalence de l'apparaître* : dans l'esquisse, quelque chose apparaît, de telle sorte que sa transcendance se trouve préservée. Ce qui veut dire que l'esquisse s'efface ou se dépasse au profit de l'objet et, en même temps, recouvre, voile l'objet en en maintenant la distance. L'apparence sous laquelle la chose se donne à moi *est et n'est pas la chose* : dans l'apparaître, la chose même se présente, mais comme autre que ce qui la présente.

L'esquisse est un vécu immanent, elle correspond aux data de sensation. Ce que Husserl appelle *hylè* ou matière, c'est par exemple le rouge en tant qu'éprouvé, en tant que senti. La *hylè*, sentie, n'apparaît pas : c'est à partir d'elle que quelque chose pourra apparaître (sauf si, par réflexion, on en fait un objet intentionnel). C'est le moment de la réceptivité, correspondant à la face subjective de l'apparaître (*apparaître à* X).

Ces data sensibles sont animés par des appréhensions (*Auffassungen*) qui leurs confèrent précisément le statut de manifestations *d'un objet*. Dans cette animation, les data sensibles exercent une fonction figurative (*darstellende* : représentative). L'unité de la *hylè* et de la noèse donne l'apparaître comme tel, c'est-à-dire comme apparaître *de* quelque chose *à* quelqu'un. Husserl précise que la noèse recouvre – comme le mot l'indique (*noèsis*) – le moment de la conscience proprement dite, de la *cogitatio*. La face noétique du perçu est la face proprement psychique. En cela, Husserl suit Brentano (*cf.* ce que j'ai dit des *Recherches logiques V*). C'est par la noèse, ou comme noèse, que la conscience devient conscience de quelque chose, c'est-à-dire rencontre un objet qui lui fait vis-à-vis.

Comment s'effectue, plus précisément, le passage des esquisses à l'unité esquissée ? Les data multiples et changeants sont animés par des appréhensions, mais l'essence même des appréhensions implique qu'elles fusionnent en une unité d'appréhensions. Ces unités d'appréhensions elles-mêmes permettent une *synthèse d'identification*. Autrement dit, l'appréhension animant un contenu hylétique en fait l'apparaître d'un quelque chose, auquel renverra un nouveau contenu hylétique, une nouvelle esquisse : il y a bien fusion des appréhensions.

Finalement, *hylè* et noèse se distinguent comme *matière* et *forme* : le vécu hylétique est le substrat du vécu intentionnel qui va lui donner un sens en le référant à un objet dont il sera un mode d'apparaître. La *noèse* est l'*acte donateur de sens*. (Le contenu hylétique « vert », senti, devient couleur *de ce champ*.) Bien entendu, les questions essentielles concernent le mode de rapport entre *hylè* et noèse. Peut-on penser une *hylè* sans noèse, ou une noèse sans substrat hylétique ? Comment un contenu sensuel peut-il former une unité avec un vécu intentionnel ?

À la noèse correspond l'objet en tant que visé à travers les data sensibles, à savoir le noème. Par exemple, il faut distinguer radicalement la couleur hylétique, qui existe comme vécue, de la couleur *noématique*, qui existe comme spatiale, c'est-à-dire comme transcendante à la conscience. (Cf. *Ideen I*, § 88.) Le noème c'est le *perçu comme tel*.

Or, il faut soigneusement distinguer le statut du noème de celui de la *hylè* et de la noèse. *Hylè* et noèse appartiennent réellement au vécu, sont des composantes réelles du vécu, c'est-à-dire appartiennent à la sphère de l'immanence. Ce qui veut dire qu'elles sont conscientes, existent sur le mode de la présence à soi. Le noème, au contraire, est transcendant, c'est-à-dire *irréel*, en ce qu'il ne fait pas partie de la composition réelle du vécu. Il est inclus dans la conscience, mais *intentionnellement* et non réellement. Ce qui, rappelons-le, n'exclut pas qu'il soit une donnée évidente et, à ce titre, compris dans le *champ phénoménologique*.

Ainsi, au total, la *double dimension* de l'apparaître est respectée dans cette analyse. D'un côté, l'apparaître est *apparaître de quelque chose* : grâce à la noèse, les vécus hylétiques esquissent une unité noématique transcendante ; le noème n'est pas inclus dans la noèse comme la *hylè* est incluse dans la noèse. Mais, d'autre part, la chose n'est que chose apparaissante : c'est au sein des vécus hylétiques que son unité s'esquisse et cette unité dépend de ces vécus. Comme l'écrit Ricœur : si la noèse *constitue* l'objet, la *hylè* le commande. Et en effet, l'objet apparaîtra, disparaîtra ou se transformera en fonction du contenu et de la structure du flux des vécus hylétiques.

Ainsi, grâce à cette articulation entre *hylè* et noèse, Husserl parvient à concilier la transcendance inhérente à l'objectité avec sa dépendance vis-à-vis de la conscience, puisque la noèse s'appuie sur des contenus hylétiques. On comprend alors dès maintenant que la neutralisation de la thèse d'existence (existence en soi) laissera intact l'objet comme corrélat noématique et que la réduction pourra se renverser en constitution.

Mais cette description de la perception demeure encore incomplète. Il ne faut pas en effet perdre de vue le premier trait descriptif que nous avions évoqué (cf. *MC* II, § 19 et *Ideen I*, § 44), à savoir que la perception est *ex-ception*. Nous nous sommes intéressés à des vécus actuels, qui n'épuisent pas le champ du *cogito*, le champ de la conscience. Chaque actualité implique en effet ses potentialités propres ; autrement dit, tout vécu intentionnel possède un horizon intentionnel impliquant des potentialités de la conscience. Cet horizon n'est pas vide, purement indéterminé : en son indétermination, il comporte une certaine structure de détermination, qui est impliquée, pré-tracée par le cours des vécus déjà écoulés. Naturellement, l'horizon varie sans cesse à mesure que se déroulent de nouveaux vécus, c'est-à-dire en fonction de son mode de remplissement ou de détermination. Husserl ajoute que non seulement ces possibilités sont pré-tracées dans l'état actuel mais qu'elles ont « le caractère de "devoir être réalisées par moi" » (*MC* II, § 19, p. 38/82).

Ainsi, chaque vécu actuel possède un horizon de vécus passés qui lui demeurent co-présents et qui prescrivent un mode d'anticipation, anticipation qui peut être confirmée ou infirmée par les nouveaux vécus. Par exemple, les côtés réellement perçus de l'objet renvoient aux côtés non-perçus, qui ne sont qu'anticipés. Aussi Husserl peut-il écrire, dans les *Méditations cartésiennes*, qu'à toute conscience intentionnelle appartient cette propriété essentielle : « non seulement elle peut (…) se transformer dans des modes de conscience toujours nouveaux, tout en restant conscience d'un objet *identique*, objet intentionnellement inhérent, comme sens objectif identique, à ses modes dans l'unité de la synthèse, mais toute "conscience de quelque chose" peut le faire et ne peut le faire que dans et par ces horizons d'intentionnalité. L'objet est pour ainsi dire un *pôle d'identité*, donné toujours avec un "sens" "pré-conçu" et "à" réaliser » (§ 19, p. 39/85).

Les moments objectifs esquissés se donnent donc comme manifestations d'un « quelque chose », d'un pôle d'identité. Ces manifestations, modes d'apparaître, sont des déterminations partielles (tributaires notamment de la situation de l'observateur) de ce pôle d'identité qui prescrivent un *horizon* de nouvelles déterminations, c'est-à-dire un sens préconçu, à réaliser. À ce sens se trouvent conférés de nouveaux horizons de déterminations à mesure que le cours de la perception se déroule. Bien sûr, il peut arriver que le sens prétracé *éclate* : il suffit que le cours de la perception infirme ce qui était anticipé. Le pôle d'identité s'avère autre, c'est-à-dire autrement déterminé, que ce qui était anticipé sur la base des vécus écoulés.

L'important ici est de noter que cette structure d'horizon est une détermination *eidétique* du vécu intentionnel : par essence, tout vécu perceptif comporte un horizon. Il s'ensuit que la détermination *pleine* de la chose est *indéfiniment repoussée*, que la donation de la chose même – du pôle d'identité – exigerait un *cours infini de vécus*. En déterminant la chose par de nouvelles apparences, on ne s'en rapproche pas puisque ces nouvelles apparences apportent avec elles un horizon nouveau de déterminations.

Il y a donc bien une *finitude essentielle* de la perception, c'est-à-dire une transcendance essentielle de la chose perçue. Cette transcendance est l'écart infini entre le pôle d'identité visé et les déterminations conférées par les vécus déjà vécus, quelle qu'en soit l'ampleur.

Au total, cette découverte de la structure d'horizon revient à développer ce qui était impliqué dans la thèse de la donation *par esquisses*. Si le noème est tributaire, en sa détermination, des vécus hylétiques sur lesquels s'appuie la noèse, on doit en conclure que la perception d'une chose est toujours partielle, fragmentaire, et appelle donc un surcroît de détermination : la finitude de la subjectivité percevante est intégrée dans la définition de l'objet perçu.

Finalement, on a affaire à deux caractérisations, négative et positive, de la transcendance du perçu. Dans un cas, on insiste sur l'aspect *partiel* de la conscience perceptive. Dans l'autre, sur l'*infinité impliquée* par cette partialité (partiel : indéfiniment perfectible), c'est-à-dire par l'écart entre l'apparaître de la chose et la chose même.

b) *L'être comme chose*

Quelles sont la signification et les conséquences de cette analyse de la donation par esquisses ?

Il est décisif de comprendre que cette description de la donation par esquisses a une signification *eidétique*, c'est-à-dire *ontologique*. Ce n'est donc pas une thèse sur la *connaissance* de la chose et sur les limitations de cette connaissance : la chose *ne* pourrait être donnée *que* par esquisses. Comme l'écrit Husserl dans *Ideen I* : « Ce n'est pas une propriété fortuite de la chose ou un hasard de "notre constitution humaine" que "notre" perception ne puisse atteindre les choses elles-mêmes que par l'intermédiaire de simples esquisses » (§ 42, p. 137). Il n'y a donc pas une chose transcendante, vis-à-vis de laquelle l'esquisse représenterait une limitation ou une négation : au contraire, *l'être* même du *transcendant* en tant que tel, c'est de se donner par esquisses, c'est-à-dire partiellement ; cette négation est inhérente à la position du transcendant.

C'est pourquoi Husserl est conduit à dire que, même pour Dieu, la chose se donnerait par esquisses. La position inverse, celle qui admettrait une possession pleine, adéquate, de la chose par Dieu, de sorte que la distance de la chose ne serait que le corrélat de notre finitude, est absurde. « Elle implique qu'il n'y aurait pas de *différence d'essence* entre ce qui est transcendant et ce qui est immanent et que la chose spatiale serait une composante réelle (*reelles*) incluse dans l'intuition que l'on prête à Dieu, et donc elle-même un vécu, solidaire du flux de conscience et de vécu attribué à Dieu » (§ 43, p. 139). On voit que la différence entre composante réelle et inclusion intentionnelle est une différence *ontologique* cardinale : elle ne désigne pas une différence – quant à la *connaissance* – entre une conscience finie et une conscience divine, mais une différence – quant à *l'être* – entre *l'être conscient* et *l'être chose*.

Or, précisons que cette mésinterprétation correspond à une confusion entre le signe et l'esquisse, c'est-à-dire à l'incompréhension de l'essence de l'esquisse sur laquelle tout repose (*cf.* § 43). Husserl précise, en effet, qu'entre la perception, d'un côté, et la représentation par *images* ou *signes*, de l'autre, il existe une différence eidétique infranchissable. Le signe ou l'image présentifient (*vergegenwärtigen*) la chose qui n'est pas présente : le propre du signe, c'est que la chose en est *absente*. Or on voit que, à cette scission, répond la possibilité que la chose soit donnée elle-même adéquatement, *sans* la médiation du signe. Au contraire, dans la perception, la chose est présente en chair et en os, elle est présente elle-même, et c'est pourquoi on peut parler d'esquisse. Mais, précisément parce que la chose est présente elle-même dans l'esquisse, elle ne peut être *pleinement présente*. Dans le cas du signe, l'absence totale du signifié au signe était l'envers d'une présence pleine possible ; dans le cas de l'esquisse, la présence de la chose dans l'esquisse est en même temps une *non-présence*, une *certaine absence*. C'est ce que nomme le concept d'*esquisse* : non pas une absence pouvant être comblée par une présence, mais *l'unité originaire* d'une *présence* et d'une *non-présence*. L'esquisse est seulement esquisse, c'est-à-dire aussi esquive. Tel est le sens d'être d'une chose : elle se présente comme absente de ce qui la présente. L'être de l'esquisse concilie parfaitement transcendance et donation subjective : en étant donnée partiellement, la chose est néanmoins donnée elle-même, en personne, puisque son être est transcendance. Ce faisant, Husserl dépasse et l'empirisme et l'intellectualisme.

Pour l'empirisme, la chose est une collection de sensations, dont le statut demeure nécessairement ambigu puisqu'elles sont à la fois un *état* et un *donné*. Ainsi, la différence entre immanence et transcendance n'est pas pensée (on fait de la sensation l'effet d'une réalité inconnaissable) : l'empirisme s'interdit de rendre compte de la transcendance phénoménale. Corrélativement, il pense la chose comme une collection de sensations et ne lui confère donc qu'une unité externe, ce qui pose de nombreux problèmes. Husserl dépasse ce point de vue en distinguant moment hylétique et corrélat objectif (aspect *de la chose*). La sensation est animée par une visée intentionnelle qui ouvre une transcendance et dont le pôle permet d'unifier la multiplicité des vécus : par la noèse, chaque sensation devient manifestation d'une chose transcendante.

Par là même, Husserl se rapproche de la position intellectualiste, par exemple cartésienne (cf. le morceau de cire). Je peux dire que la *même* chose demeure lorsque varient les qualités sensibles : la perception est une intellection; seule la pensée peut atteindre une unité susceptible d'une infinité de variations. Mais, dans l'intellectualisme, la chose est en droit accessible comme puissance positive de l'infini et la sensation ne correspond qu'à une limitation, inhérente à notre finitude. C'est ici que Husserl dépasse également l'intellectualisme : *par essence*, la chose se donne dans des esquisses sensibles. L'unité de sens qui définit le noème n'est pas un pur objet d'intellection, elle est inséparable de ses moments sensibles. La finitude de notre expérience, expérience sensible, c'est-à-dire partielle, en perspective, n'est plus une limitation, puisqu'elle est inhérente à la transcendance de la chose, mais bien une condition. Ainsi, en vertu de l'*eidos* de la chose, l'essence de l'expérience implique cette finitude, cette partialité. La finitude de l'homme est un fait de l'Être. La finitude fait partie du transcendantal. Ce qui veut dire que *l'incarnation*, correspondant à la *hylè*, est inhérente à la connaissance (même abstraite, puisqu'il y a toujours un substrat perceptif), loin d'exprimer une déchéance ontologique. Enfin, il s'ensuit que la chose n'est pas *la puissance* d'une infinité de déterminations, mais *le pôle* d'une infinité d'esquisses, ce qui marque la différence avec l'intellectualisme.

Bref, la chose est transcendante à l'esquisse (différence avec l'empirisme), mais cette transcendance n'est pas le prédicat d'un transcendant positif distinct de l'esquisse et en droit accessible sans elle (différence avec l'intellectualisme).

Après avoir évoqué le statut de cette théorie de la perception, il faut désormais en tirer les conséquences, en vue de la constitution.

Cette donation par esquisses signifie d'abord le caractère *inadéquat* de la perception. La donation de la chose est indéfiniment imparfaite, c'est-à-dire toujours susceptible d'une détermination nouvelle. (*Cf.*, par exemple, *Ideen I* : « Par principe, il subsiste toujours un horizon d'indétermination susceptible d'être déterminé, aussi loin que nous avançons dans le cours de l'expérience, et aussi importantes que soient déjà les séries continues de perceptions actuelles auxquelles nous avons soumis la même chose » [§ 44, p. 142].) Rappelons que cette inadéquation ne désigne pas un caractère de la connaissance mais une propriété de *l'être même* de la chose, c'est-à-dire de son mode de donation. Telle est la situation déroutante de la perception : la chose est donnée *en personne* mais *inadéquatement*. On pourrait dire ici que l'une des limites majeures de la métaphysique classique est de n'être parvenue à penser une présence authentique que sur le mode d'une donation adéquate (la chose n'est présente que si elle est *présente en elle-même* et *comme elle-même*).

D'autre part, l'existence de la chose matérielle perçue est contingente, c'est-à-dire dubitable (*Ideen I*, § 46). Cette contingence signifie que le cours ultérieur de l'expérience peut infirmer l'unité qui avait jusqu'ici été posée en vertu de la convergence des esquisses. L'objet qui avait été posé peut s'avérer n'être qu'un *simulacre*. Autrement dit, en tant que donnée par esquisses, la réalité de la chose demeure une réalité seulement *présumée*. Ma présomption d'existence peut aller en se renforçant ; elle ne peut jamais se transformer en certitude. Ainsi, « *l'existence des choses n'est jamais requise comme nécessaire par sa propre donnée* (durch die Gegebenheit) » (§ 46, p. 150) ; ce qui bien sûr ne sera pas le cas du vécu. C'est dans cette mesure que l'être transcendant est dubitable : il est toujours possible que ce qui a été posé (présumé) ne soit pas.

Là encore, il faut s'entendre sur le statut de cette contingence et de cette dubitabilité. Aussi étrange que cela puisse paraître, cette contingence ne concerne pas la possibilité ou non d'une existence mais *le mode même* de cette existence en tant qu'elle est susceptible d'être infirmée. Comme l'écrit bien Levinas, « *[l]a contingence n'est pas ici un rapport entre l'essence et l'existence de l'objet, mais une détermination interne de l'existence elle-même* »[1]. Il en est de même pour la dubitabilité. Elle ne correspond pas à la reconnaissance d'une insuffisance de la connaissance, mais bien à la possibilité de non-être inhérente au mode d'être de la chose : « Le monde n'est pas sujet au doute en ce sens que nous trouverions des motifs rationnels qui entreraient en ligne contre la force énorme des expériences convergentes, mais en ce sens qu'un doute est toujours *pensable* et qu'il en est ainsi parce que la possibilité du non-être, en tant que possibilité de principe, n'est jamais exclue » (*Ideen I*, § 46, p. 152).

---

1. E. Levinas, *Théorie de l'intuition dans la phénoménologie de Husserl, op. cit.*, p. 48.

Il reste une difficulté majeure qui va nous conduire à poser le problème de la chose en soi. Nous l'avons dit, la donnée de la chose spatiale est nécessairement inadéquate, c'est-à-dire *eidétiquement* inadéquate. Cependant, d'autre part, le cours de la perception est téléologiquement réglé par la donnée adéquate de la chose. Chaque aspect comporte des horizons, qui appellent un remplissement et sont des horizons de détermination de la chose. Il ne pourrait pas y avoir de conscience d'inadéquation, c'est-à-dire d'explicitation de l'actuel, de remplissement des horizons, si la conscience perceptive n'était en rapport avec une donnée adéquate de la chose, c'est-à-dire finalement avec *la chose en soi*. (De même, chez Descartes, la conscience du fini suppose un rapport préalable à l'infini, dont le fini n'est qu'une limitation. Le vécu du désir et du manque lui apparaît comme la preuve de la positivité de l'infini et de la négativité du fini.)

Ceci est confirmé dans le cadre de la phénoménologie de la raison (section IV des *Ideen I*, § 138 et 142-143). En effet, le sens de la raison, c'est-à-dire de la vérité, implique la possibilité que « l'objet existe véritablement ». « Objet existant véritablement » et « objet à poser rationnellement » sont des propositions équivalentes. Or, l'objet de cette thèse rationnelle serait tel que plus rien en lui ne serait déterminable. Aussi Husserl peut-il écrire : « *À tout objet "qui existe véritablement"* correspond par principe (…) *l'idée d'une conscience possible* dans laquelle l'objet lui-même peut être saisi de façon *originaire* et dès lors *parfaitement adéquate* » (*Ideen I*, § 142, p. 478).

On voit donc la contradiction, qui est double. Premièrement, entre l'essence de la chose perçue, qui implique l'inadéquation, et le *télos* d'une donnée adéquate, exigé par la conscience de l'inadéquation et le développement de l'expérience. Deuxièmement, entre l'essence de la chose perçue, relevant d'une phénoménologie de la perception, et la possibilité d'une donation adéquate, exigée par la phénoménologie de la raison. Quelle est la solution de Husserl ? (Cf. *Ideen I*, § 143.) *a)* L'objet est perçu de manière inadéquate car perçu dans une apparence close et finie ; *b)* la donation adéquate, c'est-à-dire de la chose en soi, exigerait un *continuum* infini d'apparences. C'est pourquoi la chose en soi ne peut être un *objet*, ne peut être *perçue*, toute chose se donnant par esquisses, toute conscience étant finie. La donation adéquate, correspondant à un cours indéfini d'esquisses, sera donc une *Idée au sens kantien*. Nous avons l'idée de la chose même comme correspondant à un progrès illimité de l'expérience et c'est cette thèse qui règle téléologiquement le cours de notre perception. Or, si le contenu de cette idée ne peut, par principe, faire l'objet d'une donation adéquate (c'est pourquoi il s'agit d'une idée au sens kantien et non d'un concept), cette idée elle-même, idée d'un progrès indéfini, peut être saisie *adéquatement*. Aussi Husserl peut-il écrire : « L'idée d'une infinité motivée par essence n'est pas elle-même une infinité ; l'évidence selon laquelle cette infinité ne peut pas par principe être donnée n'exclut pas, mais plutôt exige que soit donnée avec évidence l'*Idée* de cette infinité » (§ 143, p. 481).

Ainsi, la chose en soi correspond, nous l'avons dit, à une conscience infinie, mais il faut ajouter que cette conscience est une Idée. Ce qui, chez Descartes, faisait l'objet d'un concept, à savoir la puissance de l'infini, relève chez Husserl de l'Idée.

Ce point est décisif parce qu'il permet de résoudre la tension qui est à l'œuvre dans la donation par esquisses. Faire de l'infini une Idée au sens kantien, c'est se donner une unité qui ne compromette pas l'infinité de ce qu'elle unifie ; c'est penser une clôture de l'infini qui n'implique pas sa finitisation. Or, dire que la chose se donne par *esquisses*, c'est reconnaître à la fois que la chose est toujours au-delà de toute esquisse, transcendante donc, et que, cependant, chaque esquisse est un mode de présentation de la chose. Il y a donc *à la fois* une présence du noème dans la matière et une absence radicale. L'Idée au sens kantien permet de le comprendre : il y a *absence* de la chose aux esquisses puisque celle-là correspond à un cours infini d'apparences, et *présence*, puisqu'il y a une Idée de ce cours infini. L'ambivalence de l'esquisse, absence et présence de la chose, se déplace *dans* l'Idée : la chose est présente en sa distance même, c'est-à-dire malgré la finitude de l'esquisse, parce que de sa distance, c'est-à-dire de son infinité, il y a une *Idée. L'infinité* impliquée par la transcendance n'est pas contradictoire avec le fait de la référer à *un* transcendant. L'apparente tension du concept d'esquisse se résout dans cette affirmation d'une clôture de l'infini dans l'idée.

Cependant, cette théorie de l'Idée kantienne peut être lue comme la manifestation d'une tension au cœur même de la phénoménologie de Husserl. Nous avons déjà vu Husserl recourir à l'Idée kantienne à propos des essences morphologiques. Il s'agissait finalement de concilier l'irréductibilité du concret avec l'eidétique : on disait donc que, par exemple, tous les rouges concrets tendaient vers un rouge idéal, comme vers une limite qu'aucun rouge ne pourrait positivement exhiber. L'Idée exprimait la tension entre la fidélité à l'expérience et la visée essentialisante.

On pourrait dire qu'il en est de même ici : cette Idée est la forme que prend l'exigence rationaliste d'une donation adéquate de la chose lorsqu'elle est confrontée à une eidétique de la chose perçue, qui voit en elle un pôle indéfiniment esquissé. Or, dans cette mesure, cette Idée doit être lue comme l'indice d'un problème : ces deux exigences (intuitionnisme rationaliste et fidélité aux phénomènes) sont-elles conciliables ? L'Idée kantienne n'est-elle pas un artifice, une solution abstraite ? En effet, à respecter jusqu'au bout cette thèse d'une donation par esquisses, n'est-on pas conduit à faire éclater le cadre objectiviste (il y a une chose définie, en droit accessible à une donnée adéquate) ? N'est-ce donc pas en quittant ce cadre que l'on pourrait donner un sens à la phénoménologie husserlienne de la perception ?

En effet, si l'esquisse est esquisse d'un objet, la sensation étant la matière d'une perception, ne retombe-t-on pas sur la théorie du signe ou de l'image, c'est-à-dire sur une *extériorité* entre l'esquisse et l'esquissé ? Si l'esquisse doit être esquisse d'une chose (dont l'achèvement est pensable ou possible au moins à titre d'Idée), elle n'est *pas même* esquisse : l'absence de la chose à l'esquisse l'emporte sur la présence, la dualité de la matière et de la forme dans l'esquisse l'emporte sur leur unité.

Autrement dit, si l'esquissé est chose, il ne peut en aucune façon être présent dans l'esquisse, dans le vécu sensible : l'unité, l'identité et l'idéalité de la chose ne sauraient être données au sein du vécu sensible, opaque et multiple. Autrement dit encore, la condition à laquelle on pourrait penser l'esquisse, comme unité d'une présentation et d'un retrait, d'une présence et d'une absence, serait tout autre : seule la profondeur infraobjective (« l'il y a ») du

monde peut être donnée *elle-même* au cœur du sensible.
L'esquisse serait donation, ouverture d'un *monde*, en tant
que *distinct* des choses. Le monde, c'est ce qui peut être
présenté et préservé en sa transcendance au sein du sensible.
Il n'y a pas des vécus et des objets, ni même des esquisses
sensibles et un monde, mais un Être sensible, un Monde
dont vécu sensible et profondeur sont des moments abstraits.
C'est seulement dans le sensible que le monde peut se
donner comme monde, c'est-à-dire transcendant; c'est
seulement comme ouverture d'un monde que le sensible
peut être senti. C'est pourquoi Merleau-Ponty dit que le
sensible est « la forme universelle de l'être brut » et, surtout,
que « le sensible est précisément ce médium où il peut y
avoir l'*être* sans qu'il ait à être posé; l'apparence sensible
du sensible, la persuasion silencieuse du sensible est le
seul moyen pour l'Être de se manifester sans devenir
positivité, sans cesser d'être ambigu et transcendant » [1].
Par conséquent, si on veut bien la penser jusqu'au bout,
l'esquisse sensible ne peut être donation d'une chose, ni
la chose donnée dans une telle esquisse. Le sensible est la
forme d'une transcendance non-chosique, et c'est d'une
telle transcendance qu'il peut être l'esquisse.

Tel est sans doute le sens authentique de l'infini, comme
non distinct de ce fini qu'est l'esquisse sensible, en tant
que dimension même du sensible. Rigoureusement, l'infinité
du monde (ou sa transcendance irréductible) est donnée
dans le fini, en tant que ce fini est sensible. Car, comme le
dit quelque part Éric Weil, « un infini opposé au fini serait
lui-même fini par cette opposition qui le limiterait ».

---

1. M. Merleau-Ponty, respectivement, *Signes*, Paris, Gallimard, 1960,
p. 217 et *Le Visible et l'Invisible*, *op. cit.*, p. 267.

c) *L'être comme conscience*

Ne perdons pas de vue le fait qu'il s'agit pour Husserl, au moyen de cette eidétique, de mettre au jour la conscience comme « résidu » de la réduction. Les traits eidétiques de la conscience vont donc être *opposés* à ceux de la chose.

Le propre du vécu, c'est qu'il « *ne se donne pas par esquisses* » (*Ideen I*, § 42, p. 137) : la scission entre ce qui est manifesté et son mode de manifestation, son esquisse, n'a pas de sens au sein des vécus. Autrement dit, l'être du vécu se confond avec son apparaître : il ne contient rien d'autre ou rien de plus que ce qui est vécu en lui. La dualité d'un apparaissant et de ses modes d'apparaître n'a aucun sens. Par exemple, l'être du sentiment n'est rien d'autre que ce qui est éprouvé. Dès lors, la sphère du vécu, c'est-à-dire de la conscience, est une sphère d'existence *absolue*, que Husserl oppose à l'existence phénoménale. Qu'entendre par *absolu* ? D'abord que le vécu est donné lui-même, adéquatement, et non à travers des aspects, auxquels il serait alors relatif (§ 44). L'*Absoluité* s'oppose ici à l'*inadéquation* de la donation transcendante.

Mais, au § 46, Husserl précise le sens de cette absoluité : elle correspond, par différence avec le transcendant, à l'*indubitabilité*, c'est-à-dire à l'impossibilité du non-être : « Toute perception immanente garantit nécessairement l'existence de son objet » (p. 148). Autrement dit, l'existence des vécus est requise comme nécessaire par leur propre donnée. Ainsi, *ce qui* est vécu est posé absolument, c'est-à-dire *nécessairement* par le vécu lui-même, alors que ce qui est *perçu* n'est pas *posé* comme existant nécessairement par la perception. Le vécu, dès lors qu'il est vécu, *exclut* la *possibilité du non-être*.

Notons que, là aussi, l'indubitabilité n'exprime pas un mode de connaissance mais un mode d'être ; ou plutôt, la certitude de l'existence du vécu – moment du *cogito* cartésien – est fondée sur l'être du vécu comme existence immanente, présence à soi. C'est justement parce que Descartes ne réfère pas la certitude du *cogito* à un mode d'être spécifique qu'il peut tomber dans le réalisme transcendantal que lui reproche Husserl : le mode de donation du vécu, que Husserl qualifie d'absolu, recouvre un mode d'*exister*.

Notons, d'autre part, que l'existence absolue du vécu ne signifie pas que le vécu existe nécessairement, qu'il ne peut pas ne pas exister, comme Dieu dans la preuve ontologique. Il ne s'agit pas du *fait* que la conscience existe : la conscience demeure un fait n'impliquant aucune nécessité ; il pourrait ne pas y avoir de conscience. Il s'agit du *mode d'existence* de la conscience. Comme l'écrit Levinas : « L'on ne veut pas dire que la conscience doive exister nécessairement, mais que, dans la mesure où elle existe, son existence ne recèle pas la possibilité de non-être, caractéristique de l'existence spatiale [1].»

3. *Le sens de la constitution*

Grâce à cette eidétique de la conscience et de la réalité, nous sommes en mesure de reprendre le mouvement qui conduit à la *subjectivité transcendantale*. Toujours sur le plan intermédiaire où nous nous situons, l'eidétique permet de déterminer le *mode de dépendance* entre conscience et monde. Je renvoie au célèbre § 49 des *Ideen I*.

L'existence d'un monde est le corrélat d'un certain divers de l'expérience soumis à certaines configurations

---

1. E. Levinas, *Théorie de l'intuition dans la phénoménologie de Husserl, op. cit.*, p. 60.

eidétiques. Or, nulle évidence n'exige que les expériences actuelles ne puissent se dérouler que si elles présentent telle forme d'enchaînement ; autrement dit, l'être du vécu ne dépend pas de la forme de l'objet.

Au contraire, il est pensable que l'expérience se dissipe en simulacres à force de conflits internes, bref, « qu'il n'y ait pas de monde ». Il faut bien sûr préciser le sens de cette hypothèse. Tout d'abord, elle ne signifie pas une disparition des noèses, des visées intentionnelles au profit des seuls vécus hylétiques mais un *conflit* entre les *appréhensions*. D'autre part, il ne suffit pas qu'il y ait un conflit entre des aspects de la chose (par exemple) pour en conclure à l'inexistence du monde. En effet, nous rencontrons en permanence des discordances, des anticipations déçues, etc. Mais, dans ce cas, nous trouvons un point de vue neuf, nous introduisons une nouvelle détermination, permettant au conflit de se résorber : c'est par excellence le travail de la science. Ainsi, l'hypothèse de l'inexistence du monde correspond à *l'irréductibilité du conflit*. « [I]l est pensable que l'expérience fourmille de conflits irréductibles, et irréductibles non pas seulement pour nous mais en soi » (§ 49, p. 161).

Or, dans cette hypothèse, l'être de la conscience serait certes *modifié*, mais il ne serait pas *atteint* dans son existence. D'où la conséquence décisive : l'être de la conscience est un être absolu en ce qu'il n'a besoin d'aucune chose pour exister, alors que l'être des choses transcendantes dépend d'une conscience, est relatif à une conscience actuelle. Nous atteignons ici la pointe la plus avancée du moment négatif et ontique (régional) de cette eidétique guidée par la réduction : la conscience est une région absolue, au sens où elle est auto-suffisante et devient alors ce à quoi le monde est relatif.

Nous sommes maintenant en mesure d'effectuer à nouveau l'*épochè* et d'en tirer les conséquences. Nous mettons hors jeu la thèse d'existence, nous nous libérons de notre fascination pour le monde afin de saisir la conscience pure dans son être absolu. Or, ce faisant, écrit Husserl, « [n]ous n'avons proprement rien perdu, mais gagné la totalité de l'être absolu, lequel, si on l'entend correctement, recèle en soi toutes les transcendances du monde, les "constitue" en son sein » (§ 50, p. 166).

Quel est exactement le renversement qui s'opère ici ?

a) Dans l'attitude naturelle, l'ordre de dépendance ontologique est inverse de celui qui a été mis au jour : la chose est posée comme existant absolument et la conscience comme intramondaine, donc incluse dans cette existence naturelle.

b) L'*épochè* permet de *démondanéiser* la conscience et sa vie intentionnelle, qui était jusqu'alors comprise comme relation intramondaine. C'est ici qu'il y a comme une collaboration, un renforcement réciproque entre l'*épochè* et les eidétiques qui viennent d'être conduites, car elles permettent de renverser l'ordre de dépendance. Seulement, à ce point exact, la thématisation de l'*épochè* est encore tributaire de l'attitude naturelle qu'elle vient de suspendre, la conscience vers laquelle l'*épochè* permet de convertir le regard apparaît encore comme une région du monde.

c) Enfin, ce moment négatif se renverse de lui-même en moment *positif.* La conscience n'apparaît plus comme une région, mais comme *la* région absolue, originaire, d'où tout être tire sa réalité ; la relation intentionnelle se transforme en relation constitutive ; le noème, délivré par l'analyse intentionnelle, est la réalité même.

Ainsi, la réduction révèle que la thèse d'existence n'est *rien* pour l'*être du monde* et que c'est par une illusion pour ainsi dire nécessaire que la réalité naturelle apparaissait comme la réalité absolue dont dépendait la conscience. La réduction libère la corrélation transcendantale de la conscience et du monde et, « renversant les signes », fait apparaître l'attitude naturelle comme le contraire de ce qu'elle paraissait être : non pas l'expression de l'absoluité de l'existence naturelle mais la méconnaissance de l'absoluité de la conscience. Cependant, cette méconnaissance elle-même est en quelque sorte nécessaire : la vie de la conscience est comme captée par le monde auquel elle donne lieu. Comme le dit Fink, la réduction « conduit le sujet philosophant, dans la prise de conscience de soi la plus radicale, *à travers lui-même*, vers la vie de croyance transcendantale (vie recouverte par son auto-aperception en tant qu'homme), dont le monde *"est"* le corrélat de validité » [1].

On peut donc parler de réduction *transcendantale* en ceci que, neutralisée dans l'*épochè*, la *transcendance* du monde est *retrouvée* au sein de la vie de la conscience. La réduction transcende le monde vers une conscience, de telle sorte que, ce faisant, elle ne quitte pas une région pour une autre région, mais réintègre le monde dans la sphère d'être qui le transcende. Comme l'écrit admirablement Fink : « transcender le monde (…) ne conduit pas hors du monde, loin du monde, vers une origine séparée (…) comme vers un autre monde ; au contraire, la transcendance phénoménologique du monde en tant qu'ouverture de la subjectivité transcendantale est simultanément la *rétention*

---

1. E. Fink, *De la phénoménologie, op. cit.*, p. 154.

du monde dans l'univers (…) de l'"être" absolu »[1] (d'où origine du monde et non condition de la connaissance de l'étant comme forme *a priori* du monde).

Au total, on pourrait dire que la démarche husserlienne parcourt trois sens de l'absolu.

a) Les vécus sont absolus en ce qu'ils existent sur le mode de l'immanence ou de la présence à soi, ils sont donnés absolument à eux-mêmes, en une identité de l'être et de l'apparaître.

b) Par là même, la conscience est l'absolu comme cela dont l'*existence* ne dépend pas d'autre chose qu'elle-même, et à quoi tout est relatif.

c) Enfin, elle est l'Absolu comme ce dont tout être tire son être, *productivité* absolue. C'est au sein de cette conscience transcendantale que la *différence* même de la conscience et du monde, du sujet et de l'objet se constitue. Le monde est « objectivation constituée de la subjectivité absolue »[2]. Celle-ci est l'Absolu comme l'élément, le lieu dans lequel tout ce qui prétend à l'être réside. La conscience est « un système *d'être absolu* » sans dehors (*Ideen I*, § 49, p. 163).

Comment comprendre, dès lors, cette relation de constitution ? Disons d'abord qu'elle correspond à l'intentionnalité une fois la réduction effectuée, c'est-à-dire de telle sorte que l'intentionnalité ne puisse plus apparaître comme l'ouverture à une réalité *extérieure* (*Recherche logique V*) : l'être visé, le noème, appartient à la conscience intentionnelle et, en tant que cette conscience intentionnelle est transcendantale, cet être visé est l'Être même. Autrement

1. *Ibid.*, p. 123-124.
2. *Ibid.*, p. 168.

dit, il s'agit d'une visée, ce qui suppose un pôle objectif, mais de telle sorte que ce pôle procède de la visée elle-même. Fink parle de « *création* », de « production » pour l'opposer au caractère réceptif de la conscience mondaine, mais, en toute rigueur, la constitution est une relation *originale*, qui se situe *par-delà* la différence de la réceptivité et de la productivité, de l'intuition et de la création [1].

Elle n'est pas réceptive puisque rien n'est extérieur à la conscience transcendantale ; elle ne peut rien recevoir. Elle n'est pas non plus productive, en toute rigueur, précisément parce qu'elle est une conscience. Il n'y a de production proprement dite que par des êtres mondains. La conscience demeure un faire paraître, un voir. C'est donc l'unité d'une intuition et d'une création, c'est-à-dire un faire paraître qui est un faire-être, un voir tel que le vu tire son être de ce voir lui-même. Dans la mesure où le voir, le faire-paraître, revient à une donation de sens, la constitution recouvre l'idée d'une *identité* de l'*être* et du *sens* : la constitution est une donation de sens qui, en tant que distincte d'une perception intérieure, est donation d'être.

Cela revient à tirer toutes les conséquences de l'analyse de la *perception* : il n'y a pas réceptivité pure puisque la conscience anime, interprète les données hylétiques ; il n'y a pas création pure, car cette interprétation est précisément commandée par les données hylétiques.

Remarques

1. La démarche de Husserl consiste à partir de telle région déjà donnée, douée de structures eidétiques déterminées, pour en restituer les modes d'apparaître à la

---

1. E. Fink, *De la phénoménologie, op. cit.*, p. 163.

conscience. Il part d'un contenu de signification, en particulier celui de la chose, et il remonte aux actes en lesquels il se constitue. L'analyse transcendantale représente bien un progrès par rapport à l'eidétique en ceci que l'*être donné* de chaque région, c'est-à-dire *l'être de l'étant*, est thématisé pour lui-même et déterminé en son essence comme être *constitué* dans la subjectivité transcendantale. Par là même, la dispersion des régions eidétiques est surmontée : toute essence est reconduite à un mode d'être déterminé, c'est-à-dire à l'unité de la subjectivité transcendantale. Le risque d'hypostase de l'essence est écarté puisque l'essence recouvre un sens corrélatif des actes de la subjectivité.

Il n'en reste pas moins que cette analyse part d'un sens d'être *déjà donné*, prend pour guide l'unité déjà faite de l'objet visé. Elle explicite une conscience qui dispose déjà, en toute perception, du style d'être de la chose et elle analyse les modes d'apparaître propres à ce style d'être (elle explicite une conscience qui est en présence de choses déjà toutes faites) : elle ne va pas jusqu'à l'origine de ce style d'être qui domine toute perception et permet le déploiement des actes noétiques. Bref, nous sommes dans le cadre d'une phénoménologie *statique*, qui reconduit les structures eidétiques aux vécus et demeure tributaire de ces structures dont elle n'interroge pas *l'origine*. Par là même, la *dispersion* de l'*eidos* n'est pas vraiment surmontée et l'unité de l'Être n'est pas véritablement atteinte. Comme l'écrit très bien Tran Duc Thao : « La constitution statique permet ainsi de délimiter les divers modes de l'être avec plus de précision que l'analyse eidétique naïve. Elle donne aux "ontologies régionales" un fondement dans la subjectivité constituante. Nous n'avons pourtant pas réellement dépassé le pluralisme des essences pour retrouver leur unité dans une justification radicale : la description reste encore sur le plan de l'*eidos* pris comme un "*donné*" » (je souligne « donné »)[1].

2. D'autre part, corrélativement, le sens de la constitution demeure encore *indéterminé*. Telle région ou tel *eidos* recouvre certes un sens, donné à la subjectivité, mais quel est *l'être* de ce sens ? Quel est son rapport exact à la subjectivité ? La perception de tel type d'objet renvoie à des formes de synthèse spécifiques qui ordonnent le cours des vécus et qui sont elles-mêmes déterminées par la possession d'un sens : c'est ce sens qui prescrit la manière dont les vécus vont être « interprétés ». Or, au niveau des *Ideen I*, ce sens apparaît comme *donné*, comme disponible. D'où une difficulté : si on en reste là, la constitution signifie seulement une *reconstitution* qui, partant d'un sens déjà donné, remonte à l'enchaînement des actes qui le visent. La phénoménologie demeurerait, comme chez Kant, une philosophie mondaine, c'est-à-dire une philosophie qui conduit de l'étant à la forme signifiante *a priori* de tout étant, c'est-à-dire à la forme *a priori* du monde : une telle philosophie demeure sur le terrain du monde, elle remonte de l'étant mondain donné aux formes *a priori* dont dépend sa donation[2]. Dès lors, si telle est la constitution, elle ne peut recouvrir l'affirmation d'une conscience absolue *recelant* en elle *toutes* les transcendances. La problématique transcendantale ne peut être conquise comme problématique de *l'origine* du monde, comme le dit Fink. Afin d'assumer la problématique phénoménologique en sa spécificité, il faut donc *dépasser l'être donné* du sens et interroger

---

1. Tran Duc Thao, *Phénoménologie et matérialisme dialectique*, *op. cit.*, p. 173.

2. *Cf.* E. Fink, *De la phénoménologie*, *op. cit.*, p. 119 et 165.

l'origine même du sens qui domine les synthèses subjectives, c'est-à-dire faire apparaître la conscience comme *créatrice* des unités de sens, saisies tout d'abord à travers l'eidétique.

3. Nous l'avons dit, la phénoménologie statique n'atteint pas vraiment l'unité de l'Être car, l'origine du sens n'étant pas interrogée, les sens constitués dans la subjectivité demeurent dominés par la dispersion des essences. Or, nous avons vu que c'est en passant à la *subjectivité transcendantale* que l'unité de l'Être par-delà la pluralité des régions ontiques pouvait être atteinte : c'est la subjectivité qui recueille l'unité des différentes régions par-delà leur diversité eidétique. Elle est la région absolue en ce que ces différentes régions apparaissent comme constituées en elle. Dès lors, c'est en allant dans *le même sens*, c'est-à-dire en orientant l'interrogation du côté de la subjectivité, que l'on sera en mesure de résoudre les difficultés précédentes, c'est-à-dire de dépasser la constitution statique. C'est dans une unité plus radicale de la subjectivité que doit pouvoir être ressaisie l'unité radicale de l'Être. Au lieu de décrire les enchaînements de vécus corrélatifs de telle région eidétique, il faut ressaisir la subjectivité à un niveau tel qu'on puisse rendre compte de l'origine et donc de l'unité de ces régions.

En effet, il ne s'agit plus seulement de dépasser la diversité eidétique par un retour aux actes de la subjectivité transcendantale. Il s'agit de faire une genèse du sens d'être inhérent à chaque région et donc une *genèse des actes eux-mêmes*. L'unité de l'Être ne peut être véritablement atteinte qu'à travers l'unité des actes qui visent les étants : il faut donc surmonter la dispersion des actes au profit de ce qui en fonde l'unité. C'est pourquoi l'interrogation doit être centrée sur l'*Ego*. C'est à partir du problème de l'*Ego*

que la phénoménologie de la genèse va s'amorcer : l'*Ego*
recouvre en effet le principe d'unité des vécus.

Sur cette question de l'*Ego*, la pensée de Husserl
manifeste une évolution, selon au moins *trois moments*
(*Recherche logique V*, § 4 ; *Ideen I*, § 57 et 80 ; *Méditations
cartésiennes*, IV).

1. Notons d'abord que cette question est inévitable en
tant que la conscience est une conscience personnelle.
Dans les *Recherches logiques*, Husserl refuse de penser le
moi comme quelque chose de spécifique, distinct des
vécus : il n'est pas autre que la *totalité unifiée* des vécus,
leur *connexion dans un flux*. Dès lors que les vécus se
rassemblent et s'unifient, selon certaines lois, « le moi
phénoménologique, ou l'unité de la conscience, se trouve
déjà constitué sans qu'il soit besoin, par surcroît, d'un
principe égologique propre supportant tous les contenus
et les unifiant tous une deuxième fois » (*RL V*, § 4, p. 153).
Levinas voit dans cette thèse la conséquence de l'affirmation
du caractère essentiellement *intentionnel* de la conscience.
Si celle-ci a pour essence de se rapporter à quelque chose,
elle ne peut contenir un pôle substantiel qui s'en distinguerait
car, alors, l'intentionnalité serait comme un accident vis-
à-vis de ce moi et ne pourrait assurer elle-même le rapport
à l'objet. Il faut donc que la conscience ne soit *rien d'autre*
que visée.

2. Mais, dans les *Ideen I*, Husserl dépasse cette position.
Parmi les traits distinctifs du vécu, « la première place
revient expressément à la relation qui unit chaque vécu au
moi "pur" » (§ 80, p. 269). En effet, le fait d'être *dirigé sur*,
occupé à, de *faire l'expérience de*, etc., enveloppe dans
son sens d'être un *rayon* qui émane du moi : l'orientation

des actes exige un *point origine*, un *pôle égologique* qui les accomplisse, qui vive en eux. Il y a donc *deux faces* en tout vécu : une face orientée sur l'objet et une face orientée subjectivement, c'est-à-dire procédant du moi.

Or, ce pôle égoïque, présent en chaque vécu, demeure *identique* malgré les variations de ces vécus. Dès lors, si tout le vécu peut changer alors que le moi demeure identique, c'est que celui-ci n'est *ni* un vécu *ni* une composante du vécu. Puisque seuls les vécus peuvent faire l'objet d'une *description*, il faut en conclure que le moi ne peut être un objet propre d'étude. Il n'est accessible qu'indirectement, à travers le *comment* de son rapport à l'objet.

Toutefois, s'il ne fait pas partie du vécu, il n'est pas pour autant un *objet transcendant*. Il se distingue du vécu parce qu'il n'en est pas un fragment réel, mais, d'autre part, il appartient à la sphère réduite en ce que tout vécu est, *par essence, vécu d'un moi*. C'est pourquoi Husserl peut affirmer : « avec lui se présente une transcendance *originale*, (…) *une transcendance au sein de l'immanence* » (§ 57, p. 190). Si le moi *empirique* n'échappe pas à la réduction, le fait que les vécus soient les vécus d'un moi demeure au sein de la sphère réduite.

C'est donc finalement une forme vide qu'il faut postuler à la source de tout vécu, qu'on ne peut déterminer par un contenu propre – comme chez Kant. C'est à cette condition que Husserl concilie l'*Ego* avec l'essence intentionnelle du vécu. Cependant, en tant qu'il est *transcendance*, même dans l'immanence, ce moi doit être *constitué*. Or, on pressent que cette constitution doit avoir un sens tout autre. En effet, cette identité du moi se confond avec l'unité temporelle des vécus : c'est seulement l'appartenance des vécus temporels à une même durée, à une unité temporelle, qui les constitue comme vécus d'un même moi.

3. Avec les *Méditations cartésiennes*, une nouvelle détermination du moi apparaît, qui amorce précisément le passage à une phénoménologie génétique. Husserl rappelle d'abord le fait que l'*Ego* existe *pour lui-même*, c'est-à-dire qu'il ne se saisit pas seulement comme courant de vécus, mais aussi comme *moi* qui vit ceci ou cela, moi identique. Le moi se constitue lui-même comme existant, c'est-à-dire comme moi identique visant telle *cogitatio*. Nous sommes ici au niveau des *Ideen I*. Mais, ajoute Husserl, le « *moi central n'est pas un pôle d'identité vide* (pas plus que n'importe quel objet) ; avec tout *acte* qu'il effectue et qui a un sens objectif *nouveau*, le moi – en vertu des lois de la "genèse transcendantale" – acquiert une *propriété permanente nouvelle*. Si je me décide, par exemple, *pour la première fois*, dans un acte de jugement, pour l'existence d'un être et pour telle ou telle autre détermination de cet être, cet acte passe, mais je *suis* et je *reste* désormais *un moi qui s'est décidé de telle ou de telle autre manière* » (IV, § 32, p. 56/115). Autrement dit, l'acte initial demeure au sein du moi sous la forme d'une propriété permanente, d'un *habitus* : l'*Ego* conserve, retient, garde en prise la première fois d'un acte, de telle sorte que cet *avoir* devient une dimension de son être. Ainsi, le moi n'est plus seulement un pôle vide, mais un « *moi-personne permanente* » (*ibid.*, p. 57/117) qui est fait de toutes les prises de position conservées, bref, le substrat des *habitus*.

Seulement, cette première analyse permet de franchir un pas supplémentaire. Nous sommes passés de l'*acte* à l'*avoir* et de l'avoir à l'*être* – en ceci que l'avoir de l'*habitus* détermine l'être de l'*Ego*, remplit le pôle *Ego*, qualifie le substrat égologique. Or, dit Husserl, du moi comme pôle des *habitus*, il faut distinguer l'*Ego* « *dans sa plénitude*

concrète (…), en adjoignant au moi-pôle ce sans quoi il
ne saurait exister concrètement » : ce que Husserl appelle
monade. Il ajoute pour préciser : « Il ne saurait notamment
être un "moi" autrement que dans le courant multiforme
de sa vie intentionnelle et des objets visés par elle, s'y
constituant éventuellement comme existant pour celle-ci »
(§ 33, p. 57/117). L'*Ego* n'a en effet d'*être* que comme
Ego du flux intentionnel, c'est-à-dire comme *Ego* en face
d'un monde. Bref, la présence d'un monde ambiant fait
partie de l'être de l'*Ego*, est impliquée par l'être de l'*Ego*.
Or, en vertu de la relation mise plus haut en évidence, on
peut dire que ce qui est impliqué par l'*être* de l'*Ego* renvoie
à un avoir et, par conséquent, à un *acte* originaire, à une
création première. C'est ce que Husserl montre dans la
suite du paragraphe. Je me trouve, en qualité d'*Ego*, dans
un monde ambiant qui existe pour moi. Les objets de ce
monde existent pour moi « grâce à une *acquisition* originelle,
c'est-à-dire grâce à une *perception originelle* et à
l'explicitation en intuitions particulières de ce qui n'a
jamais encore été perçu » (*ibid.*, p. 57/118 ; je souligne).
« Cette activité, par laquelle je pose et j'explicite l'existence,
crée un *habitus* dans mon moi ; et de par cet *habitus*, l'objet
en question m'appartient en permanence, comme objet de
ses déterminations. » Et, ajoute Husserl, « [d]e telles
acquisitions permanentes constituent mon milieu familier ».

On voit d'ores et déjà les conséquences de cette première
analyse, qui réfère le *déjà-là* du monde et de ses formes
eidétiques à la vie de l'*Ego* par l'intermédiaire du concept
d'*habitus* : *l'être donné lui-même* est intégré à la conscience
transcendantale en tant qu'*habitus* de l'*Ego*. Tout sens
prend sa source dans l'*Ego* en tant que renvoyant à une
création originaire et la dimension de *déjà-là*, c'est-à-dire

la nécessaire *présence* de l'*Ego* concret à un monde, correspond seulement à une sédimentation, à une rétention passive, sous forme d'*habitus*, de cette création originaire. Le déjà-là ne recouvre que l'affaiblissement, le passage à l'inconscient, de l'acte originaire.

Cette première approche est approfondie par Husserl. La description de l'*habitus*, par exemple l'acquisition d'une position, a fait apparaître la dimension temporelle de cette constitution (ici d'une position). Mais il faut faire passer les descriptions dans la dimension de *principes*. En effet, nous avons déterminé l'*Ego* comme monade, c'est-à-dire comme un *Ego* de fait possédant déjà un monde, comme une « expérience intégrale ». En mettant en évidence une genèse de cette expérience, en introduisant l'*habitus* au sein de l'*Ego* transcendantal, ne courrons-nous pas le risque de transposer au sein du *transcendantal* des lois d'ordre *empirique* ou *psychologique* – bref, d'en rester à un *Ego transcendantal de fait* ? Afin donc d'être certain de dévoiler un *Ego* transcendantal dont les déterminations ne sont pas contaminées par l'empirique, il faut procéder à une réduction *eidétique*, permettant de montrer que ces déterminations sont inhérentes à l'essence de l'*Ego* transcendantal. Cette réduction va consister, par variations (je m'imagine autre), à saisir mon *Ego* comme exemple d'une *possibilité pure*, embrassant toutes les variantes possibles de l'*Ego*. « La phénoménologie eidétique étudie donc l'*a priori* universel, sans lequel ni moi, ni aucun autre moi transcendantal, en général, ne serait "imaginable" » (§ 34, p. 61/123).

L'*Ego* est l'univers des formes possibles d'expérience, il embrasse une infinité de formes possibles d'expérience. Or, toutes ces formes possibles ne sont compossibles dans l'*Ego* que sous la forme universelle du temps : « *L'univers*

du vécu qui compose le contenu "*réel*" de l'*ego* transcendantal
n'est compossible que sous la forme universelle du flux »
(§ 37, p. 63/128). Par exemple, dit Husserl, l'« idée de ma
vie enfantine et de ses possibilités constitutives nous offre
un type qui ne peut contenir "l'activité théorique scientifique"
que dans son développement ultérieur, mais non dans son
contenu actuel » (§ 36, p. 63/127). Ce qui signifie que
telles possibilités de l'*Ego* ne peuvent apparaître dans
n'importe quel ordre ni à n'importe quel moment. Comme
l'écrit Husserl : « L'*ego* se constitue pour lui-même en
quelque sorte dans l'unité d'une histoire » (§ 37, p. 64/129).

Puisqu'il s'agit d'une forme eidétique universelle, il
faut en conclure que toute formation de l'*Ego* relève d'une
genèse. Autrement dit, cela ne signifie pas seulement que
tout ce qui est pour l'*Ego* se donne dans le temps, que le
temps est *la forme de la représentation de toute réalité*.
Cela signifie, plus radicalement, que le sens d'une réalité,
quelle qu'elle soit, est inséparable du temps, qu'une réalité
n'est telle qu'au sein de et par une histoire. Sa date fait
partie de son être. Comme chez Bergson, *le temps fait la
substance même du réel* : ultimement, une réalité ne peut
être déterminée que par sa place dans un ordre temporel,
son être ne peut être distingué de sa genèse. Non seulement
le temps est la *forme* de la représentation, mais le *contenu*
est temporel, car produit d'une genèse. (*Cf.* § 37, p. 65/131 :
« structure génétique de l'*ego dépassant la simple forme
du temps* » ; je souligne.)

Comme l'a bien montré Ricœur, la fonction de cette
eidétique de l'*Ego* est particulièrement importante quant
à la question de l'être donné du monde. L'idée du temps
comme forme universelle de l'*Ego* ne signifie pas seulement
que l'expérience est temporelle, ni même que certaines

réalités sont le produit d'une histoire, mais que toute réalité, en tant qu'appartenant à l'*Ego*, procède d'une genèse – même celle qui se donne comme toujours déjà-là. Husserl écrit en effet, au § 37, que, dans le cadre d'une phénoménologie eidétique, « l'*ego* peut effectuer des variations de soi-même avec une liberté telle qu'il ne maintient même pas la supposition idéale qu'un monde d'une structure ontologique qui nous est familière soit constitué par l'*ego* » (p. 65/131). Autrement dit, l'*Ego* de fait est en face d'un monde déjà constitué, ce qui le condamne à une phénoménologie statique. Au contraire, « [l]a réduction eidétique nous fait accéder à la phénoménologie de l'habitus, en procédant à la façon d'un dépaysement systématique ; elle nous replace en deçà du déjà constitué et par là même donne un sens au "*déjà*", aperçu de la frontière imaginaire du "*pas encore*" »[1].

Nous pouvons maintenant faire le bilan de cette analyse renouvelée de l'*Ego*.

1. Auparavant, tant que nous en restions aux actes constituants correspondant à telle région eidétique, nous nous contentions de nous situer dans la corrélation entre le sujet transcendantal et le monde transcendant. Nous remontions du sens d'être de telle région aux actes constituants, sans constituer ce sens d'être lui-même. Avec le recours au concept d'*habitus*, Husserl intègre le *déjà-donné*, le *transcendant* à l'*Ego*. Tout ce qui se donne comme déjà-là, comme rencontré, renvoie à un *habitus*, c'est-à-dire à une acquisition, qui continue de projeter passivement cet objet et qui renvoie à une création originaire, à une

---

1. P. Ricœur, *À l'école de la phénoménologie*, *op. cit.*, p. 193.

genèse active. Comme le dit Ricœur, « l'en soi est à déployer temporellement comme du stratifié, du sédimenté »[1]. Et comme le dit encore Merleau-Ponty, l'intemporel, c'est l'acquis.

2. Puisque l'*Ego* est substrat des *habitus* et que le monde, qui fait partie de l'*Ego* concret, renvoie à ces *habitus*, la constitution transcendantale, c'est-à-dire des transcendances, peut être rabattue sur la constitution de l'*Ego*. En se constituant soi-même dans l'unité d'une histoire, l'*Ego* constitue en son sein toute transcendance. C'est pourquoi Husserl peut écrire que « la phénoménologie de cette constitution de soi pour soi-même coïncide avec *la phénoménologie en général* » (*MC* IV, § 33, p. 58/119). Dès lors, la phénoménologie de l'*Ego cogito* prend le sens d'un idéalisme transcendantal : « Chaque forme de la transcendance est un sens existentiel se constituant à l'intérieur de l'*ego*. Tout sens et tout être imaginables, qu'ils s'appellent immanents ou transcendants, font partie du domaine de la subjectivité transcendantale, en tant que constituant tout sens et tout être » (§ 41, p. 70-71/141 ; *cf.* tout le paragraphe). Cet idéalisme signifie le dépassement de tout mode d'extériorité ou de *scission* entre l'*Ego* et l'Être : la différence même de l'Être vis-à-vis de l'*Ego* est constituée au sein de l'*Ego* et est donc subordonnée à leur unité (ce qui n'était pas le cas au niveau des *Ideen I*). Cette différence renvoie donc finalement à la différence temporelle. Ainsi, cette forme d'extériorité que représentaient les différentes régions données est surmontée : *l'être donné* de tel sens d'être est lui-même génétiquement constitué dans l'*Ego*. Corrélativement, la dispersion qui demeurait

---

1. *Ibid.*, p. 192.

au niveau des *Ideen I* est également dépassée : *l'unité*
propre à l'Être est enfin justifiée, tout étant et toute région
renvoient à des *moments* de l'Histoire auto-constituante
d'un même *Ego*.

3. Cette constitution de l'*Ego* est génétique et non plus
statique, c'est-à-dire ne prend plus pour point de départ
« un *ego* pour lequel un monde constitué existe d'ores et
déjà » (§ 37, p. 65/131). Il s'agit donc de rechercher les
lois génétiques grâce auxquelles les constitutions, par
lesquelles telles catégories d'objets existent pour l'*Ego*,
sont elles-mêmes possibles.

Husserl distingue *genèse passive* et *genèse active*.

Dans le cas de la genèse active, le moi crée, constitue
à l'aide d'actes spécifiques : les objets obtenus apparaissent
à la conscience comme produits. Ces actes peuvent être
reproduits. Mais la construction par l'activité présuppose
toujours une passivité qui reçoit l'objet et le trouve comme
tout fait. Ce qui se présente à nous comme tout fait, comme
une chose réelle qui *n'est que* chose, relève d'une synthèse
passive. Ainsi, le sens d'être de la chose, par exemple,
vient animer les données sensorielles en vertu d'une vie
anonyme, d'une activité créatrice qui ne se sait pas comme
telle. Mais cette synthèse renvoie à une création originaire
qui est retenue, c'est-à-dire *associée* aux données sensorielles
présentes : il y a réactivation – sous une forme inconsciente
(au sens d'une limite de la conscience) – d'une genèse
active (il y a, dit Tran Duc Thao, « création continuée »).

L'association, écrit Husserl, est le « principe de la
genèse passive » (§ 39, titre). Mais il ne s'agit pas de se
méprendre sur le sens de ce recours à l'association. Il ne
faut pas l'entendre au sens empiriste d'une « gravitation

psychique », comme si les données actuelles appelaient mécaniquement une projection de données déjà possédées ou d'un sens déjà acquis. Le concept *empiriste* de l'association n'est qu'une *déformation naturaliste* du sens phénoménologique. En effet, cette association a un sens *intentionnel*. Pour en rester au cas de l'objet, on dira qu'un certain sens d'être disponible vient s'associer aux données sensorielles (sens d'être de la chose), c'est-à-dire les *animer* pour les faire apparaître comme aspects. Mais ce sens n'est pas comme un *contenu* disponible qui se projetterait sur les données, qui serait appelé en quelque sorte par les données, sans l'intervention du sujet. Le sens d'être ne peut être pensé à part de l'acte qui l'engendre. La genèse passive signifie donc que l'acte originaire par lequel ce sens fut créé est *réeffectué* sur les données actuelles, mais que cette constitution n'a pas la forme d'un acte conscient, d'une synthèse thématique, c'est-à-dire d'une création : l'*activité* est enveloppée *par la passivité*, elle *se* déploie mais à l'insu du sujet, comme un *habitus*, un acquis.

On voit donc que l'association signifie la réeffectuation passive d'un acte originaire : c'est parce qu'il y a rétention de l'acte originaire que la synthèse peut s'effectuer passivement. La passivité de la synthèse correspond à la disponibilité de l'acte, c'est-à-dire du sens d'être à la rétention d'une création originaire. Pour parodier une problématique bergsonienne, on pourrait dire que l'absence, le déficit d'*activité* dans la synthèse renvoie à son déficit d'*actualité* : c'est sa non-nouveauté radicale qui rend possible sa passivité.

Notons d'autre part que cette synthèse passive, qui a pour principe l'association, vaut à la fois pour la constitution des objets réels du monde objectif et pour les objets temporels immanents (§ 39, p. 68/136). En effet, dans les deux cas, il s'agit de mettre au jour, sous une dimension de *réceptivité*, c'est-à-dire l'expérience d'un donné ou d'un déjà-là, une dimension constituante. Et ceci vaut pour les deux niveaux essentiels de réceptivité : la donnée d'un monde que je trouve déjà-là, et la donnée d'un *moment hylétique*. En effet, au niveau de l'objet temporel immanent, par exemple la sensation d'un son qui dure, ce qui constitue, au fond, la forme originaire de la transcendance, du déjà-là, à savoir la réceptivité, recouvre une synthèse passive par laquelle les sons, c'est-à-dire les impressions originaires déjà écoulées, sont conservés dans la rétention et donc associés aux nouvelles impressions, passivement, de telle sorte que le son se donne comme un seul son qui dure : la nouvelle impression se trouve douée du sens d'objet temporel. La synthèse temporelle est une synthèse *passive*. L'appartenance au temps, qui est la forme originaire de la présence, renvoie bien à une genèse passive – tout comme le déjà-là de l'objet.

4. On comprend donc enfin le rôle capital de la constitution de la temporalité. C'est en quelque sorte elle qui supporte toute constitution – non seulement du moi comme pôle unitaire et des objets temporels immanents, mais de la *monade elle-même*, puisque tout *sens* qui la compose a une *existence temporelle*. Ainsi, c'est seulement par le *temps* et la possibilité de constituer une durée, une unité temporelle, que la constitution des *habitus* deviendra elle-même compréhensible. C'est bien par la temporalité et la possibilité de conserver, de retenir un passé au sein du présent que, finalement, le sens ultime de la transcendance deviendra accessible.

Conclusion et problèmes

Nous avions annoncé en commençant que la détermination de la subjectivité et de l'étant conforme à l'*a priori* de la corrélation – ce qui est l'axe de la recherche husserlienne – était confrontée à la *réification* de la conscience, qui fait obstacle à la conquête de cet *a priori* : qui nous sauve d'une réification de la conscience est le sauveur, voire le créateur, de la philosophie. Nous avons vu que les *Recherches logiques* étaient entachées d'une certaine forme de réalisme, qui tenait d'abord à l'exclusion de l'objet du champ des données phénoménologiques et conduisait alors à une forme de clôture de la conscience. C'est ce *réalisme* que la perspective transcendantale vise précisément à surmonter. Cependant, on peut se demander si elle y parvient, c'est-à-dire si elle est exempte de toute forme de réification.

1. Il faut reprendre le mouvement husserlien à son commencement, c'est-à-dire au niveau de l'*épochè*. Force est de constater un glissement, ou plutôt une *rupture* fondamentale, qui est posée comme allant de soi et n'est jamais interrogée pour elle-même. Cette *épochè* vise à s'affranchir de l'attitude naturelle en tant qu'elle constitue le terrain incritiqué des sciences disponibles : celles-ci se développent sur le sol du monde existant qu'elles posent comme allant de soi. L'*épochè* est neutralisation de la thèse naturelle, mise en suspens de la thèse d'existence. Dans les *Méditations cartésiennes*, Husserl décrit l'*épochè* comme conversion du monde « en un simple *phénomène* élevant une prétention à l'existence » (I, § 8, p. 16/43 ; je souligne) et il ajoute que « en tant que *mien*, ce phénomène n'est pas un pur néant » (je souligne). Autrement dit,

l'*épochè* donne accès à l'apparaître du monde comme tel, apparaître qui, en tant que tel, implique une « mienneté », une subjectivité : le monde est subjectif en ceci qu'il se donne dans des modes d'apparaître corrélatifs de mon existence. Le sens de l'*épochè* est donc de montrer l'appartenance de l'étant à la dimension de l'apparaître comme tel – au lieu de reconstituer l'apparaître à partir de l'étant apparaissant.

Le propre de l'apparaître est qu'il se situe *hors* de la sphère de l'étant et, dans cette mesure, ne s'en distingue pas puisqu'une telle distinction, qui poserait l'apparaître « à côté » de ce qui apparaît, dégraderait l'apparaître au plan de l'*étant apparaissant*, au plan ontique. L'apparaître est ontologiquement singulier par rapport à l'étant et ne peut donc s'en distinguer : il fait paraître, c'est-à-dire s'efface au profit de ce qui paraît. Sa différence avec l'étant implique précisément un mode d'identité avec l'étant, comme effacement ou auto-dépassement.

Comme l'écrit Patočka dans *Qu'est-ce que la phénoménologie ?*, le but de la réduction est de mettre au jour le champ de l'apparaître comme tel, « [l]e se-montrer du phénoménal qui à la fois se dissimule dans ce qu'il fait apparaître », et il ajoute : « Si le champ phénoménal n'a point d'être autonome, il n'en a pas moins un être propre qui réside précisément dans la monstration »[1]. L'*épochè*, en sa spécificité, répond à cette spécificité de l'apparaître. En effet, une négation de l'existence du monde est commandée par le présupposé d'une scission ontique entre l'apparaître, renvoyant à une substance subjective, et

---

1. J. Patočka, *Qu'est-ce que la phénoménologie ?*, trad. E. Abrams, Grenoble, Millon, 1988, p. 209. Sur ce point, nous nous permettons de renvoyer à notre ouvrage *Le Mouvement de l'existence. Études sur la phénoménologie de Jan Patočka*, Chatou, La Transparence, 2007, p. 29 *sq.*

l'apparaissant. Inversement, c'est en vertu de cette unité de la phénoménalité et du monde que l'*épochè* conserve le monde : elle va du monde au monde, du monde comme existence extérieure ou réelle au monde comme phénomène. Et toute la difficulté de l'*épochè* réside dans le caractère à la fois radical et infime de ce passage : c'est une différence qui conserve l'identité du monde, c'est un pas en arrière qui est un pas vers le monde, c'est-à-dire un mouvement sur place.

Or, la rupture dont nous parlions plus haut apparaît dans la caractérisation de cette phénoménalité (qui appartient au monde en tant qu'il est conservé en elle). Dans le § 8 des *Méditations cartésiennes*, Husserl affirme que ce qui devient mien par l'*épochè*, « c'est ma vie pure avec l'ensemble de ses états vécus purs et de ses objets intentionnels (*reine Gemeintheiten*) » (p. 18/46). Dans le § 33 des *Ideen*, il écrit que le but de l'*épochè* est d'atteindre « *une nouvelle région de l'être* » et il ajoute : « l'être que nous voulons révéler est ce que nous serons amenés, pour des raisons essentielles, à caractériser comme "purs vécus", comme "conscience pure" » (p. 106). Autrement dit, la phénoménalité du monde est référée à *un étant* : la *conscience*, à savoir *les vécus*. Le subjectif était d'abord entendu au sens du *phénoménal*, c'est-à-dire du mode d'être des choses, mais « le subjectif comme vécu est maintenant distingué du phénoménal qui *apparaît dans le vécu* »[1]. Le geste essentiel et injustifié consiste ici à passer du subjectif, du phénoménal comme tel, au vécu comme être positif. Au lieu de penser l'autonomie de la sphère phénoménale, Husserl l'*étaye* sur quelque chose qui ressortit au domaine du réel. Il faut donc comprendre le sens et les conséquences de ce glissement. On peut faire apparaître

[1]. *Ibid.*, p. 181.

un certain nombre de motifs convergents, qui viennent infléchir le sens originaire de l'*épochè*, la convertir en une réduction à la sphère de la conscience pure, c'est-à-dire à un champ d'expérience transcendantale. La phénoménologie authentique reposerait sur une *épochè* sans réduction.

2. Dans les *Méditations cartésiennes*, l'amorce de l'*épochè* phénoménologique consiste en une méditation sur la science. L'idée de science comporte l'exigence d'une *évidence* qui puisse servir de fondement à l'édifice de la science. Et la phénoménologie doit reprendre à son compte cette idée, c'est-à-dire rechercher une *évidence première*. Cette évidence est immédiatement caractérisée comme *intuition* : « Dans l'évidence, (…) nous avons l'*expérience* d'un être et de sa manière d'être ; c'est donc qu'en elle le regard de notre esprit atteint la chose elle-même » (I, § 5, p. 10/32).

D'autre part, le concept d'évidence appelle une *différenciation*. L'évidence peut ne pas exclure la non-existence de ce qui est vécu comme existant : l'être peut se révéler comme étant apparence. L'évidence *apodictique* correspond à l'*inconcevabilité* absolue de la *non-existence* de l'objet. Ainsi, la détermination intuitive de l'évidence – donation d'une réalité – ouvre une interrogation sur l'existence de cette réalité. L'intuition donne un étant qui peut s'avérer, ou non, existant. Cependant, cette intervention de l'apodicticité est essentiellement motivée par le projet husserlien de *fondation* : cette fondation exige une critique radicale des sciences, précisément de la certitude dont elles tirent leur autorité, à savoir celle de *l'existence* du monde : « L'existence du monde, fondée sur l'évidence de l'expérience naturelle, ne peut plus être pour nous un fait qui va de soi ; elle n'est plus pour nous elle-même qu'un objet d'affirmation (*Geltungsphänomen*) » (§ 7, p. 15/42).

Ainsi, le motif fondateur et scientifique implique un *déplacement d'accent* : l'*épochè* est ressaisie à travers la question de l'apodicticité, de sorte que le problème *ontologique* du sens d'être du monde existant est contaminé par celui de l'existence ou la non existence du monde. Le monde est ressaisi comme ce qui peut ne pas exister plutôt que comme ce dont le sens d'existence est en question. La voie est ainsi ouverte pour une détermination *ontique* de la phénoménalité. En effet, en mettant l'accent sur l'existence du monde, on prépare une *scission* entre ce monde et sa phénoménalité, qui aura alors nécessairement un sens ontique. Au contraire, en prenant pour point de départ le sens d'être du monde existant, on se donne les moyens de préserver l'autonomie, la spécificité de l'apparaître, on saisit l'apparaître comme l'être même du monde, comme son élément, au lieu de l'étayer sur un autre être. À l'inverse, en neutralisant l'existence du monde, en reconnaissant qu'il n'a pour être qu'une illusion, on pose l'existence de l'apparaissant hors de son apparaître et l'on est conduit par là même à référer cet apparaître à une autre existence, celle de la conscience.

La réification du subjectif est en germe dans ce déplacement initial, d'inspiration cartésienne : l'exigence *fondatrice*, c'est-à-dire la recherche de la *scientificité*, vient pervertir l'exigence ontologique. C'est, je crois, ce que veut dire Merleau-Ponty dans une courte note sur la réduction : « Présentée à tort, – en particulier dans les M. C., – comme suspension de l'*existence du monde* – Si elle est cela, elle retombe dans le défaut cartésien d'une *hypothèse de la* Nichtigkeit *du monde*, qui a immédiatement pour conséquence le maintien du *mens sive anima* (morceau du monde) comme indubitable – Toute négation du monde, *mais aussi* toute neutralité à l'égard de l'existence du monde a pour conséquence immédiate qu'on manque le transcendantal » [1].

3. Cette scission du phénoménal entre le monde apparaissant et le sujet réel supportant l'apparaître (puisque le monde apparaissant peut ne pas être, l'apparaître ne pourra plus être immanent au monde comme son élément et devra donc être soutenu par un autre étant) est commandée par *l'exigence intuitionniste* imposée au subjectif. En effet, et d'abord, le subjectif n'est saisi qu'à même le monde, sous la forme de son apparaître et c'est à ce titre qu'il fait l'objet d'une certitude. Or, la certitude est interprétée comme *évidence*, c'est-à-dire comme *intuition*, et l'intuition est donation *en personne* d'un *être*. La détermination intuitionniste de la certitude implique donc une *réification* du subjectif sous forme de vécus. Alors que la certitude du vécu ne se distingue pas de celle du monde, chez Husserl « la certitude de soi de l'existence de l'*ego*, du *sum*, est interprétée comme présence, la présence comme autodonation originaire. Or, l'autodonation originaire requiert un objet correspondant » [2]. Autrement dit, parce que l'intuition donatrice originaire est source de droit pour la connaissance, puisqu'il n'y a de présence qu'intuitionnable en droit, la présence du *sum*, c'est-à-dire du subjectif, est inévitablement réifiée.

Ceci revient à dire que Husserl n'interroge jamais et considère donc comme allant de soi la *propriété* du psychique d'être *intérieurement donné à soi-même*, de

---

1. M. Merleau-Ponty, *Le Visible et l'Invisible*, *op. cit.*, p. 225.
2. J. Patočka, *Qu'est-ce que la phénoménologie ?*, *op. cit.*, p. 212

faire l'objet d'une perception interne. C'est pour Husserl l'essence du psychique, de la conscience, qui fonde la possibilité de la réflexion. Le subjectif est un *objet interne*, intuitionnable : comme le note Patočka, Husserl reste ici tributaire de Brentano.

Or, il est clair que la détermination du subjectif comme constitué de composantes réelles, c'est-à-dire de vécus, représente bien une forme supérieure de réalisme, de réification. En étayant le phénoménal sur des vécus, Husserl détermine l'apparaître à l'aide d'éléments qui sont de l'ordre de l'apparaissant, c'est-à-dire ontiques. Comme le dit très bien Patočka, « [i]l y a un champ phénoménal, un être du phénomène comme tel, qui ne peut être réduit à aucun étant qui apparaît en son sein et qu'il est donc impossible d'expliquer à partir de l'étant, que celui-ci soit d'espèce naturellement objective, ou égologiquement subjective » [1].

Notons que notre critique rencontre ici celle de Michel Henry. En effet, le vécu, comme objet d'une perception interne, est encore situé dans la transcendance ; c'est un objet. Et le vécu réflexif qui le saisit peut à son tour faire l'objet d'un nouveau vécu. Ce qui veut dire que Husserl n'accède pas au mode d'apparaître propre au subjectif, en tant qu'il exclut une structure de transcendance. Il faut simplement ajouter que cette « déréification » du vécu peut aller dans deux directions opposées. L'une, celle de Michel Henry, qui consiste à saisir une immanence pure, auto-affection échappant à la transcendance. L'autre, qui consiste à insuffler l'intentionnalité au cœur du subjectif, c'est-à-dire à le saisir comme un agir dont l'auto-révélation se confond avec l'œuvre, c'est-à-dire avec la saisie de son monde : je

---

1. *Ibid.*, p. 208.

m'ouvre à moi dans la mesure où je m'ouvre à un monde, l'auto-affection repose sur une transcendance active.

Deux autres aspects de l'approche husserlienne rendent également compte de cette réification ou, plutôt, font sens avec elle.

a) La description du monde naturel est caractérisée par une orientation objectiviste, que l'on a déjà aperçue dans les *Recherches logiques* au niveau de la description des actes : nous avions vu que les actes objectivants sont fondateurs par rapport aux actes non objectivants. De même, le monde de l'attitude naturelle est d'abord caractérisé comme un monde de « simples choses (*bloße Sachen*) » (*Ideen I*, § 27, p. 90), même si Husserl y ajoute la présentation immédiate de caractères de valeur et d'aspects pratiques. Autrement dit, la référence au *sujet vivant*, en sa dimension *affective* et *pratique* n'est pas impliquée dans la caractérisation du monde de l'attitude naturelle : le subjectif n'est pas d'emblée saisi à même le monde. Cela revient à dire que l'attitude objectivante est projetée dans l'attitude naturelle – alors que, en vérité, le monde se donne immédiatement à nous comme monde de notre vie, comme « notre entourage ». Cette détermination objectiviste du monde permet à Husserl d'opérer la scission entre le monde apparaissant et les vécus subjectifs, c'est-à-dire de *réifier* la subjectivité en la situant dans une autre sphère que celle du monde [1].

b) Ceci nous est confirmé par le § 39 des *Ideen I*. Husserl y distingue deux types d'entrelacements entre la conscience

---

1. *Cf.* M. Merleau-Ponty, « Le philosophe et son ombre », dans *Signes, op. cit.*, p. 201-228.

et le monde : *par incarnation* (conscience d'un homme ou d'un animal) et *par perception* (conscience *du* monde). Or, pour Husserl, la première est fondée sur la seconde. Autrement dit, c'est l'expérience sensible qui me donne un monde matériel (comme couche ultime du monde naturel) et qui me permet de m'attribuer un corps et de m'inclure par là dans ce monde. Ainsi, Husserl pense la perception sensible sans l'incarnation et fonde celle-ci sur celle-là. Le corps est subordonné au vécu sensible, loin que le vécu sensible soit ressaisi à partir du corps, comme *vécu incarné*. En séparant la perception de l'incarnation, Husserl assure la possibilité de la scission entre cette perception et le monde et donc sa détermination réifiée en termes de vécu. C'est pourquoi Husserl peut écrire : « Le monde des choses, *y compris notre corps*, ne cesse point d'être là pour la perception. Comment dès lors se dissocient et peuvent se dissocier la *conscience même*, en tant qu'elle est *en soi un être concret*, et *l'être perçu* qui par elle accède à la conscience, en tant qu'être *"opposé"* (*gegenüber*) à la conscience, en tant qu'être *"en soi et pour soi"* ? » (p. 127 ; je souligne « y compris notre corps »). Il est clair que, à l'inverse, saisir le subjectif à partir de l'incarnation, impliquerait d'y intégrer une dimension vivante et active qui exclurait la réification du subjectif sous forme de vécus, qui interdirait de séparer l'apparaître de l'apparaissant.

On peut donc se demander si, en déterminant la phénoménalité à partir des vécus, Husserl parvient à rendre compte de la phénoménalité du monde. La chose apparaissante manifeste certes une certaine dualité, entre ce que j'attribue à la chose même et les traits, les aspects sur le fondement desquels j'appréhende cette chose. Mais cette dualité apparaît seulement à l'analyse [1] et correspond à une orientation de l'attention : la sensation, l'aspect sensible présente immédiatement l'objet, s'efface à son profit, ce qui signifie corrélativement que l'objet est présent en chaque aspect et ne se distingue pas de ses aspects. Le jaune mat et luisant, la forme amollie, etc., présentent la cire elle-même, qui est comme leur dimension commune et ne peut être posée à part. Simplement, je peux adopter une attitude objectivante, me demander ce que je vois vraiment, déserter l'objet présent et faire ressortir au premier plan des aspects sensibles (cette dualité appartient au perçu, c'est la structure figure/fond). Or, en transposant *en termes de vécus* cet apparaître, on arrive nécessairement à une *dualité* entre deux catégories de vécus : ceux qui correspondent au moment sensible, et ceux qui correspondent à celui de l'objet. Par la réification, la *co-appartenance phénoménale* de la chose et de l'aspect se transforme en dualité entre deux catégories de contenus.

Alors que le moment sensible est toujours déjà un aspect de l'objet, il devient un contenu mort, qu'une appréhension devra animer. D'où un *dédoublement* du moment sensible qui apparaît une première fois comme *contenu hylétique* et une seconde fois comme *aspect de l'objet*. Au lieu de s'en tenir au moment objectif, Husserl remonte à ses contenus subjectifs pour retrouver ou reconstituer à partir de là ce moment objectif. Le moment hylétique apparaît comme une projection subjective du sensible comme médiateur objectif. Selon Patočka, il est significatif que Husserl ait longtemps hésité sur ce point.

---

1. *Cf.* M. Merleau-Ponty, *Phénoménologie de la perception*, Paris, Gallimard, 1945, p. 235 et 278.

La fonction intentionnelle est donc dévolue à une seconde catégorie de vécus, les vécus noétiques. C'est ici que la difficulté éclate de manière frappante. Tout d'abord, puisque la *hylè* est caractérisée par un défaut de présence – en elle rien ne paraît – l'acte noétique sera caractérisé comme un acte qui donne l'objet en tant que tel, c'est-à-dire comme donation d'une *présence pleine*, bref comme un *excès* de présence. Ainsi le primat accordé à l'objet, aux actes objectivants, va de pair avec la réification des vécus. En coupant la matière de la chose qu'elle présente, on coupe par là même la chose de son inscription dans une vie sensible, c'est-à-dire de son caractère non objectal : on en fait un *objet déterminable*. Comme l'écrit Merleau-Ponty, « cette analyse déforme à la fois le signe et la signification, elle sépare l'un de l'autre en les objectivant le contenu sensible, qui est déjà "prégnant" d'un sens, et le noyau invariant, qui n'est pas une loi, mais une chose : elle masque le rapport organique du sujet et du monde, la transcendance active de la conscience » [1]. Bref, en se donnant des vécus, Husserl fait coexister empirisme et intellectualisme plutôt qu'il ne les dépasse au profit d'une détermination rigoureuse de la phénoménalité.

Surtout, d'autre part, comme l'écrit Patočka, « [c] omment le vécu, originairement donné à soi-même dans la réflexion, s'y prend-il pour faire apparaître une transcendance du côté objectif? C'est incompréhensible » [2]. Comment l'intentionnalité, qui désigne la source de l'apparaître comme tel, peut-elle être convertie en un moment apparaissant au sein de la perception interne?

1. *Ibid.*, p. 178.
2. J. Patočka, *Qu'est-ce que la phénoménologie ?*, *op. cit.*, p. 182 ; *cf.* p. 206-207.

Comment un contenu peut-il donner sens, faire apparaître, c'est-à-dire être *un acte* ? Il y a une tension fondamentale entre l'effacement de la phénoménalité au profit de ce qui apparaît (c'est cela l'intentionnalité), c'est-à-dire sa *non-différence* avec le transcendant et sa détermination positive comme vécu, qui recouvre nécessairement une *différence*.

Il s'ensuit un dédoublement entre noèse et noème, qui manifeste la dualité d'orientation, et la noèse apparaît comme la projection rétroactive de l'unité objective au sein des vécus. En toute rigueur, il n'y a d'acte intentionnel véritable que comme *activité vivante*, comme *empiétement* vers le monde, et celui-ci ne saurait par définition faire l'objet d'une intuition. C'est la raison pour laquelle le transcendantal n'a véritablement de sens qu'en tant qu'il ne diffère pas de l'empirique. Ajoutons enfin qu'un acte effectif, c'est-à-dire *vivant*, ne saurait être un acte *d'appréhension* : ce qui est constitué par le mouvement vivant ne se distingue pas de la transcendance sensible que ce mouvement rejoint : le pôle signifiant de l'intentionnalité – moment phénoménal – se confond avec le là-bas que le mouvement approche (transcendance qui se manifeste).

Or il est, ici aussi, significatif, comme le remarque Tugendhat dans *Le Concept de vérité chez Husserl et Heidegger*, que Husserl « ne se soit jamais demandé comment les *cogitationes* sont données à elles-mêmes ». C'est significatif car si Husserl s'était en effet interrogé sur leur mode de donation, il n'aurait pu en respecter le sens tout en conservant l'idée d'une perception interne : il aurait été amené à mettre en question la détermination du subjectif comme auto-donation.

B. La constitution de la temporalité immanente

Considérations préliminaires

Nous avons explicité le passage des *Recherches logiques* à une perspective transcendantale dans les *Ideen I*. Cette perspective est caractérisée par le fait qu'elle est orientée vers le *pôle objectif*. En effet, au § 86, Husserl définit ce qu'il appelle l'étude *fonctionnelle*. Il désigne par là le fait que la phénoménologie ne doit pas se contenter d'une analyse et d'une classification des vécus en eux-mêmes mais doit également les considérer du point de vue *téléologique* de leur « fonction », qui est de *faire apparaître* un objet transcendant : « L'étude fonctionnelle tente d'élucider comment un élément identique, comment des unités objectives et non réellement immanentes aux vécus, sont "conscientes", "visées" » (p. 296). Or, pour Husserl, le point de vue de la fonction est le *point de vue central* de la phénoménologie (p. 295).

Ceci peut être traduit au niveau des vécus. Puisque c'est l'intentionnalité, c'est-à-dire les vécus noétiques, qui assure la donation d'une unité objective, il s'ensuit bien que l'intentionnalité est le « thème capital » de la phénoménologie (§ 84, titre). Ce qui signifie que la *dualité* de l'hylétique et du noétique est *subordonnée à leur unité* sous l'espèce du noétique. L'intentionnalité est « un milieu universel qui (…) porte en soi tous les vécus, même ceux qui ne sont pas caractérisés comme intentionnels » (§ 85, p. 288). Autrement dit, le niveau hylétique n'a d'intérêt que parce qu'il vient servir de *matière* à l'animation noétique. Au point que, dans cette perspective, on pourrait dire que, loin d'être un contenu isolable, un vécu positif, le donné hylétique apparaît comme un moment de l'intentionnalité, moment quasi-abstrait qu'il faudrait reconnaître au cœur de l'intentionnalité pour assurer sa fonction intuitive.

En tout cas, Husserl peut conclure que « *l'hylétique* pure se subordonne à la phénoménologie de la conscience transcendantale » et que, dès lors, « l'hylétique se situe manifestement très au-dessous de la phénoménologie noétique et fonctionnelle » (§ 88, p. 298).

Ces considérations sont inhérentes à une phénoménologie transcendantale qui veut d'abord, contre l'attitude naturelle, faire apparaître le mode de constitution des transcendances dans l'immanence. On pourrait dire que cette orientation fonctionnelle est appelée par le statut de la constitution au niveau des *Ideen I*, comme constitution *statique*. En effet, dans la mesure où on remonte d'un sens d'être déjà donné et eidétiquement déterminé aux actes de la conscience constituante, il s'agit avant tout de comprendre comment ces actes peuvent assurer la donation d'une unité objective.

Mais cette orientation n'épuise pas les problèmes constitutifs dans la mesure même où elle ne concerne que le pôle objectif et les actes noétiques. En effet, dans les *Ideen I* mêmes, Husserl précise qu'il s'agit là d'un niveau provisoire : « "L'absolu" transcendantal que nous nous sommes ménagés par les diverses réductions, n'est pas en vérité le dernier mot ; c'est quelque chose (*etwas*) qui, en un certain sens profond et absolument unique, se constitue soi-même, et qui prend sa source radicale (*Urquelle*) dans un absolu définitif et véritable » (§ 81, p. 274-275). Et Husserl ajoute : « Au niveau de considération auquel nous nous limitons jusqu'à nouvel ordre, et qui nous dispense de descendre dans les profondeurs obscures de l'ultime conscience qui constitue toute temporalité du vécu, nous acceptons plutôt les vécus tels qu'ils s'offrent à la réflexion immanente en tant que processus temporels unitaires » (§ 85, p. 288).

En effet, la perspective des *Ideen I*, en tant qu'elle est orientée vers l'objet, se donne les vécus, hylétiques et noétiques ; elle les trouve dans la réflexion immanente. La conscience saisie à ce niveau, en tant qu'elle « contient » des vécus, n'est donc pas un absolu au sens de *ce en quoi tout être se constitue*. Il y a comme une persistance d'une psychologie au sein du transcendantal, non pas au sens d'une position d'existence naturelle, mais en ceci que le vécu est donné comme *déjà constitué en tant que vécu*.

Dès lors, l'exigence constitutive exige de remonter de cet Absolu provisoire, qui n'est absolu que vis-à-vis des objectités constituées, à un Absolu *définitif*, c'est-à-dire à une conscience dans laquelle les vécus eux-mêmes sont constitués. Cette exigence, mise de côté dans les *Ideen I*, est capitale pour *le sens* de la phénoménologie : celle-ci ne pourra prétendre accéder à l'*origine* du monde (Fink), à la dimension authentiquement *créatrice* de la conscience, que si elle *constitue* les vécus en lesquels se constituent les objectités transcendantes. Or, cette constitution comporte trois dimensions articulées.

a) Le vécu a pour essence la temporalité (§ 81, p. 273 ; § 118, p. 403) : Husserl entend par vécus « des unités durables, des processus qui s'écoulent dans le flux du vécu » (p. 403). De même que le mode d'existence de la chose est caractérisé par la spatialité, celui du vécu est caractérisé par la temporalité. Par essence, un vécu se déploie dans le temps. Il faut noter, bien sûr, que cette temporalité du vécu assure sa réalité propre, son être-là : la durée est pour le vécu une manière de se donner à la conscience, de telle sorte qu'apparemment celle-ci la reçoit ; la durée implique une *passivité* de la conscience puisqu'elle est une unité que la conscience, apparemment, ne fait pas. L'hylétique renvoie donc à la constitution de la temporalité immanente.

b) Cependant, la temporalité attribuée au vécu ne désigne pas seulement un caractère que possède chaque vécu pris séparément mais une forme nécessaire qui lie des vécus à des vécus. Autrement dit, en tant que tout vécu, par essence, *dure*, il s'articule avec les autres vécus, il a nécessairement un horizon temporel rempli des deux côtés – bref, il appartient à un *unique flux* du vécu qui s'écoule sans fin. Le propre du vécu est donc qu'il est une durée finie au sein d'un flux unitaire infini.

c) Or, cette appartenance au flux impliquée par la durée du vécu signifie son appartenance au *moi pur* : « Chaque vécu en tant qu'être temporel est le vécu de son moi pur » (§ 81, p. 275). Husserl précise : « Nous pouvons tenir pour des corrélats nécessaires ces deux notions : d'une part un *unique* moi pur, d'autre part un *unique* flux du vécu » (§ 82, p. 279). Le *moi* est *la forme* qui *unifie tout vécu* et il se confond avec l'unique flux temporel dans lequel les vécus s'insèrent en tant qu'êtres durants.

La constitution hylétique, c'est-à-dire de la temporalité inhérente au vécu, engage la constitution du moi comme unité du flux. On découvrira donc une conscience qui constitue sa propre unité temporelle et se constitue, par là même, comme *Ego* pur. Ces trois dimensions font l'objet des *Leçons pour une phénoménologie de la conscience intime du temps*. (D'un certain point de vue, elles n'en font qu'une seule : tout repose sur la constitution de la temporalité.)

Notons ici le rôle décisif, d'un autre point de vue, de cette constitution. Nous avons vu que, dans la quatrième *Méditation cartésienne*, le sens d'être dont part Husserl dans les *Ideen I* se trouve constitué dans une genèse active et passive, qui repose sur la conservation sous forme d'*habitus* d'une création originaire. Il est clair que la constitution de la temporalité joue un rôle capital, puisque c'est elle qui assure la conservation, la rétention de l'origine. La genèse des sens d'être objectifs renvoie à l'auto-constitution de l'*Ego* dans l'unité d'une histoire, c'est-à-dire à la constitution de la temporalité immanente.

Il reste, avant d'examiner cette constitution, à déterminer le point de vue propre des *Leçons* sur le temps.

Comme toujours, la constitution appelle une *réduction*. Puisqu'il s'agit de faire une analyse phénoménologique de la conscience du temps, il faut, dit Husserl, procéder à une « exclusion complète de toute espèce de supposition, d'affirmation, de conviction à l'égard du temps objectif » (*CIT*, § 1, p. 6). Autrement dit, cette réduction est parallèle à celle qui est à l'œuvre dans les *Ideen I* : il s'agit de passer de la *durée chosique*, du *temps du monde*, au *temps apparaissant*, c'est-à-dire au temps immanent au cours de la conscience. Il y a en effet une différence entre la durée objective, mesurable, d'un processus mondain, et le temps immanent de la conscience qui le perçoit, qui n'est pas du monde et se situe donc *en deçà* de toute *mesure*, de toute *objectivité*. Ce temps immanent fait l'objet d'une évidence phénoménologique. Le parallèle avec la chose est donc absolu : le temps perçu, objectif, est constitué à partir d'un temps senti qui est une donnée absolue : « il est le *Datum* phénoménologique, par l'aperception empirique duquel se constitue la relation au temps objectif » (§ 1, p. 12).

Seulement, la direction de Husserl est ici autre. Il ne s'agit pas de savoir comment le temps perçu est constitué à partir du temps senti, même s'il examinera également ce point. Il s'agit de remonter du temps *immanent*, apparaissant, à son mode d'apparition, c'est-à-dire aux vécus spécifiques en lesquels il se constitue – de constituer l'apparaître du temps.

Ceci débouche sur le concept de *Zeitobjekt*, c'est-à-dire de « tempo-objet » ou d'objet temporel. La réduction à la temporalité immanente comporte en effet une difficulté spécifique. Le temps est toujours temps d'un objet, il ne peut être séparé de ce qui dure, de sorte qu'une analyse phénoménologique qui voudrait saisir le temps apparaissant lui-même serait réduite au silence. Il faut donc partir du seul temps qui pourra apparaître, à savoir du temps d'un objet. Mais, d'autre part, le propre de l'objet, c'est qu'en lui disparaît la temporalité qui le constitue dans sa permanence : la durée immanente s'efface derrière l'identité objective qu'elle rend possible. Il faut donc, afin de saisir le temps apparaissant, réduire autant que possible l'objet perçu en cette temporalité, c'est-à-dire trouver *un type d'objet qui laisse apparaître la durée immanente qui le constitue comme tel*.

À cela répond le concept de « *Zeitobjekt* » : « Par *objets temporels, au sens spécial du terme*, nous entendons des objets qui ne sont pas seulement des unités dans le temps, mais contiennent aussi en eux-mêmes l'extension temporelle » (§ 7, p. 36). C'est le cas du *son*, objet « minimal ». En vertu de sa nature temporelle, le son n'est pas seulement un objet qui dure, mais un objet qui est fait de durée, qui est son propre déroulement temporel. Certes, la dimension objective résiduelle ne peut être éliminée : je peux porter mon attention sur le *son* qui dure et résonne là. Mais, le son est tel qu'il me reconduit à sa durée immanente, dont il ne peut pas, en toute rigueur, se distinguer. Cela car il y a « moins de monde » dans le son que dans la vision : le moment de l'unité ne vient pas masquer totalement celui de la diversité des apparitions. (*Cf.* Gérard Granel : « Il y a pour ainsi dire match nul dans la musique entre le même et l'autre[1]. »)

Nous étudierons la temporalité selon trois moments, qui correspondent aux trois parties de l'ouvrage, mais en ne retenant que les points essentiels : 1. la critique de Brentano ; 2. la conscience du temps ; 3. les degrés de constitution.

1. *La critique de Brentano*

Si Husserl prend pour point de départ la thèse de Brentano, c'est parce qu'elle comporte, malgré de nombreuses insuffisances, un « noyau phénoménologique » qu'il retiendra. Il faut donc rappeler le cadre problématique dans lequel se situe Brentano.

Tout d'abord, à l'encontre de certains psychologues, on ne peut dire que le problème de la sensation de la durée est du même ordre que celui de la sensation de telle qualité sensible ou de tel moment de cette qualité, ce qui reviendrait à dire que la persistance d'une excitation ferait naître la perception de la durée. Ceci est absurde : ce n'est pas parce que l'excitation dure que la sensation est sentie comme ayant une durée : la durée de la sensation n'implique pas la sensation de la durée. Or, c'est cette sensation qu'il faut comprendre.

---

1. G. Granel, *Le Sens du Temps et de la Perception chez E. Husserl*, *op. cit.*, p. 57.

Le problème est donc le suivant : d'un côté (lorsque nous écoutons une mélodie), si le son qui vient de passer disparaissait sans laisser de trace, nous n'aurions qu'un seul son et jamais de mélodie. Mais, d'autre part, si les sons demeuraient tous dans la conscience à mesure qu'ils retentissent, nous aurions une cacophonie ou un accord, mais jamais une mélodie. Il faut donc que, à la fois, le son passé demeure afin que la succession soit perçue, mais qu'il ne demeure pas lui-même sans quoi il n'y aurait pas de succession. Une modification spécifique doit donc intervenir, que Brentano nomme « association originaire » : « chaque sensation de son, après la disparition de l'excitation qui l'a engendrée, éveille d'elle-même une représentation semblable et munie d'une détermination temporelle » (§ 3, p. 20). Autrement dit, intervient ici une *imagination productrice* : elle reproduit le contenu de la sensation qui vient de passer, mais elle y ajoute le moment temporel passé. Ainsi, le son passé demeure mais il est reproduit comme passé, de sorte qu'il n'y a pas contemporanéité mais succession.

Naturellement, ce processus est permanent et continu : lorsqu'un second son survient, il produit une nouvelle modification, c'est-à-dire une imagination, mais la première imagination, la première représentation se transforme quant à son moment temporel, de sorte que son contenu apparaît comme plus repoussé, plus éloigné dans le temps. Ainsi, en toute rigueur, on ne peut parler d'une *perception* de la durée : seul l'instant présent est perçu. Le reste est imaginé : « Nous croyons entendre une mélodie, et donc entendre encore ce qui vient tout juste de passer, mais ce n'est qu'une apparence (*Schein*), qui vient de la vivacité de l'association originaire » (§ 4, p. 22).

Cette théorie n'est pas acceptable, aux yeux de Husserl, parce qu'elle ne se situe pas sur le terrain *phénoménologique*, mais sur le terrain *psychologique* : elle travaille avec des objets temporels existants, exerçant des excitations, c'est-à-dire provoquant des sensations sur une conscience elle-même réelle. Cependant, elle comporte un noyau phénoménologique que Husserl retiendra : « L'unité de la conscience qui embrasse présent et passé est un *Datum* phénoménologique » (§ 6, p. 25).

Toute la question, et c'est sur ce point que portera la critique, est de « savoir si (…) le passé apparaît dans cette conscience sur le mode de l'imagination » (*ibid.*). Il faut retenir deux critiques essentielles – qui rendent compte de l'axe dans lequel Husserl abordera, quant à lui, le temps.

1. Brentano reconnaît qu'il y a une intuition élargie du temps, qui ne correspond pas à l'association originaire : c'est le cas de la remémoration d'une durée déjà passée. Cette intuition élargie relève elle aussi de l'*imagination*. Ainsi l'imagination intervient à la fois pour rendre compte de l'association originaire et de l'intuition élargie. Ce faisant, Brentano s'interdit de rendre compte de la *différence phénoménologique* entre l'intuition actuelle d'une succession et le souvenir d'une succession autrefois perçue. Puisque l'intuition originelle relève déjà de l'imagination, on aura affaire à une imagination d'imagination : comment est-ce pensable ? Brentano s'interdit donc de fonder la différence entre perception d'une durée et imagination ou ressouvenir de cette même durée.

2. L'imagination reproduit le contenu qui vient de passer en lui adjoignant le moment « passé ». Autrement dit, on a une représentation présente, identique à ce qui vient de passer, à ceci près que le moment « passé » vient

s'ajouter aux autres moments du contenu : qualité, intensité, etc. Ainsi, le moment passé, l'être passé, ne vient pas modifier *de part en part* le contenu représenté : comme moment du contenu, le passé demeure à part des autres moments. Dès lors, le contenu demeure présent à la conscience puisque rien en lui n'est modifié, puisque seul le moment passé s'y ajoute. D'où la contradiction que relève Husserl : « si un contenu A tout pareil est sans cesse dans la conscience, fût-ce avec un nouveau moment, alors le A n'est précisément pas passé, mais présent ; par suite il est maintenant présent, et sans cesse présent, et ce conjointement avec le nouveau moment "passé", passé et présent tout à la fois » (§ 6, p. 28-29). Autrement dit, l'être passé ne peut être un moment du contenu car alors il appartient contradictoirement au présent ; il doit donc altérer la totalité du contenu ; or, puisqu'il s'agit du même contenu, il ne peut s'agir que d'une transformation du *mode de donation*.

Le fondement de l'erreur de Brentano réside dans le caractère psychologique de sa démarche. Il comprend la sensation comme ce que produit un stimulus physique, c'est-à-dire qu'il disjoint un réel qui est temporel et une conscience qui y assiste. Dès lors, l'analyse de Brentano est nécessairement tributaire du présent : il n'y a de perception que du présent puisque la sensation est corrélative de l'action d'un stimulus. La sensation ne peut se modifier par elle-même car elle disparaît avec le stimulus. Dès lors, la persistance du passé ne peut relever que de l'imagination puisque rien de réel ne lui correspond. Or, d'autre part, parce que Brentano présuppose l'action d'un temps réel sur la conscience, au lieu de s'interroger sur le *mode d'apparaître d'un temps immanent*, il s'interdit de faire intervenir des caractères d'acte distincts des contenus primaires, seuls susceptibles de rendre compte de la modification du passé.

La perspective de Husserl découle de cette analyse de Brentano qui, bien entendu, la commande aussi.

– La réduction permet de dépasser la dualité brentanienne entre un processus objectif et une conscience spectatrice. La durée immanente implique une durée de la conscience elle-même, c'est-à-dire une conscience qui se temporalise.

– Contre la dualité brentanienne du présent senti et de l'imagination créatrice, Husserl est conduit à diminuer l'écart entre le présent et le passé, c'est-à-dire à poser une *perception*, en un sens élargi, *du passé lui-même* : l'originarité du présent se diffuse sur le passé écoulé.

– Corrélativement, il est conduit à creuser l'écart, que Brentano ne pouvait penser, entre l'intuition de la durée (le souvenir primaire) et l'imagination ou la remémoration d'une durée écoulée (souvenir secondaire).

– Enfin, puisqu'il doit y avoir présence du passé sans pour autant que ce passé soit un moment d'une représentation présente, Husserl est conduit à fonder le passé sur un « acte », c'est-à-dire sur une *intentionnalité spécifique*, et non sur un contenu. Cet « acte » est absolument spécifique en ceci qu'il n'a pas pour fonction de rendre présent un passé comme le ferait un acte représentatif, mais de viser le passé en tant que passé, c'est-à-dire de présenter son absence. Telle sera la fonction de la rétention.

2. *La conscience du temps*

a) *Description de la conscience du temps*

Il s'agit d'abord de prendre possession du tempo-objet dans une description avant d'en faire apparaître le mode de constitution. Soit donc un son qui dure. Lorsqu'il commence, j'ai conscience de l'extension de la durée qui a eu lieu depuis le début du son, et j'en ai conscience comme ayant eu lieu « à l'instant », c'est-à-dire comme « tout juste passé ». À l'instant final, j'ai conscience de celui-ci comme d'un instant présent et j'ai conscience de toute la durée comme d'une durée écoulée. Lorsque le son cesse, je continue à en avoir conscience en tant que passé. Simplement, toute l'extension de la durée du son, qui est disponible, se donne comme quelque chose de « mort », c'est-à-dire comme quelque chose qui ne se produit plus de façon vivante, qui n'est plus animé par le point de production du présent. Dès lors, note Husserl, la modification de *toute* la durée est une modification *analogue* à celle que subit tel fragment écoulé de la durée pendant la période d'actualité.

Il faut noter que, dans cet évanouissement du tout de la durée, l'objet temporel non seulement s'obscurcit, s'éloigne, mais encore se raccourcit. Il faut noter, d'autre part, qu'il arrive un moment où cette unité de durée *disparaît*. Enfin, il faut remarquer que, en s'enfonçant, cette unité de durée conserve sa place temporelle : elle ne s'éloigne du présent de la conscience que parce que celui-ci s'en éloigne. La situation est donc comparable à celle d'un objet *spatial* dont je m'éloignerais : tout en restant à sa place, il s'obscurcit, rapetisse et finit par disparaître.

Que permet de faire ressortir cette description ? Pendant tout ce *flux* de conscience, j'ai conscience *d'un seul et même son* en tant que son qui dure. « "[L]'objet dans son mode d'écoulement" est sans cesse à nouveau un autre dans ce changement, alors que nous disons pourtant que l'objet et chaque point de son temps et ce temps lui-même sont une seule et même chose » (§ 9, p. 41). La situation est ici comparable à celle de la donation de l'objet perçu (une seule et même table se donnant dans des aspects toujours nouveaux) : un seul et même son, c'est-à-dire une seule et même durée, se donne à travers une série de présents toujours nouveaux. La description permet donc de distinguer et d'opposer *l'unité* de la durée perçue et *la diversité* des présents de son apparition, *la continuité* de cette durée et *la discontinuité* des moments du flux. Cette opposition, qui est aussi une certaine unité (puisque c'est dans le flux qu'un seul et même son se donne), se manifeste dans le double usage des termes de présent et de perception. Alors que le son est en train de s'écouler, je peux dire que le son, écoulé depuis le début, est présent, que je le perçois, alors que, en toute rigueur, seul est présent et véritablement perçu le moment *actuel* de ce son.

Il faut donc introduire une distinction entre *le son lui-même* et *le son « dans son mode »* (d'apparition) (*der Ton « in der Weise wie »*). Comme l'écrit Husserl : « Le son lui-même est le même, mais le son "dans son mode" (d'apparition) (*der Ton « in der Weise wie »*) apparaît comme sans cesse autre » (§ 8, p. 39 ; *cf.* aussi § 9, p. 41). Cette distinction fait écho à celle qui règne au niveau de l'objet : entre l'objet toujours identique et ses esquisses toujours changeantes, qui sont proprement subjectives. Seulement, il y a une différence capitale : nous sommes ici dans la sphère de l'immanence. Il y a donc un dédoublement, au sein de l'immanence, entre l'objet immanent – le son qui dure ou la durée du son – et les modes d'apparition, toujours nouveaux. Ces modes d'apparition, qui n'apparaissent pas eux-mêmes, sont comme les esquisses de l'unité temporelle immanente.

Toute la question est alors de comprendre comment un seul et même son se constitue, comme unité de durée, à travers des apparitions de son toujours nouvelles. On voit déjà la proximité et la distance par rapport à la constitution de l'objet transcendant. Proximité, car il s'agit bien de comprendre comment un même objet (temporel) se donne dans des esquisses changeantes. Différence, car, en vertu de la nature de l'objet temporel, le son apparaissant et l'apparition du son sont d'une certaine façon la même chose : il n'y a rien de plus dans le son que dans son apparition, à la durée près. La transcendance du son vis-à-vis de son apparition se confond avec celle de la durée conservée du son par rapport au moment actuel. On comprend donc déjà pourquoi l'intentionnalité qui constitue le son dans sa durée ne peut être identique à l'intentionnalité qui préside à la transcendance de l'objet.

b) *La constitution de la durée immanente*

La production de l'objet qui dure débute avec un point source, que Husserl appelle « impression originaire » (*Urimpression*), c'est-à-dire premier moment de l'apparition du son. Cette impression est caractérisée par un renouvellement incessant : « sans cesse le présent de son "en chair et en os" se change en un passé » (§ 11, p. 43-44). Lorsque cette impression laisse place à une autre, elle passe dans la rétention. Autrement dit, la conscience impressionnelle du nouveau présent est en même temps conscience du tout juste passé, c'est-à-dire retenue du son écoulé en tant que passé. Ainsi, si B succède à A, la conscience impressionelle de B est en même temps conscience rétentionnelle de A. Si, maintenant, une nouvelle impression C survient, elle sera rétention de B, mais comme B était déjà lui-même rétention de A, elle sera rétention de la rétention de A. Donc, à tout moment, toute rétention devient rétention de rétention, c'est-à-dire retenue elle-même dans un nouvelle rétention. Il faut s'entendre sur cet *emboîtement* des rétentions. Il ne signifie pas un *redoublement réflexif* du type : « Je me souviens que je me souviens de A. » Ce serait confondre la rétention avec la mémoire proprement dite, c'est-à-dire avec le « souvenir secondaire ». Il n'y a donc pas un étagement ou une superposition de rétentions mais un éloignement progressif et continu. Lorsque B passe en C, B devient présent dans la rétention comme tout juste passé, mais, par là même, A, qui était retenu en B, devient présent en C, comme également passé, mais avec un degré d'éloignement supplémentaire. Autrement dit, parler d'emboîtement rétentionnel, c'est seulement dire que, en tout nouveau présent, l'*Urimpression* originelle est présente mais s'enfonce ou s'éloigne progressivement. Ceci est vrai de tous les autres moments retenus, avec, à chaque fois, un degré d'éloignement de moins. De sorte que, en chaque nouveau présent, le flux écoulé est tout entier présent, mais de telle sorte aussi que chaque moment du flux écoulé recule en quelque sorte d'un cran. Sous la perception d'une durée qui se prolonge encore dans le présent, il y a l'enfoncement d'un cran, par rapport au présent, de l'ensemble des vécus déjà écoulés et retenus.

Le noyau de cette analyse est donc bien le fait qu'à toute conscience impressionnelle est coprésente une conscience rétentionnelle du tout juste passé. « [L]a conscience *impressionnelle* passe, en coulant continûment, en conscience *rétentionnelle* toujours nouvelle » (§ 11, p. 44). Cette analyse permet de rendre compte de la constitution de l'identité de l'objet temporel immanent, c'est-à-dire d'une durée identique. En effet, en vertu de ce passage continuel de l'impression dans la rétention et du recul corrélatif de tout ce qui est retenu dans les rétentions emboîtées, chaque nouveau présent surgit en continuité avec le tout juste écoulé et, partant, avec l'ensemble du flux. Par la rétention, le nouveau présent apparaît comme un développement du tout juste passé et toute la série des présents comme l'unique développement continu de l'impression originaire. Dès lors, grâce à cette intentionnalité spécifique, la succession des apparitions de son donne lieu à la conscience d'un seul son qui dure : on a bien des *apparitions* de son *distinctes* qui, par la rétention, font apparaître *un seul et même son*. Il y a donc comme une inversion qui s'opère à la faveur de la rétention, c'est-à-dire lorsque l'on passe du plan constituant au plan constitué immanent.

Au plan constituant, on va *du présent vers le passé* : des moments de son toujours nouveaux retiennent et portent la série des sons écoulés. On a donc une *différence* – entre le son écoulé et le nouveau son – qui se transforme *en unité* : la conscience rétentionnelle du son écoulé fait une avec la nouvelle conscience impressionnelle. *Au plan constitué*, on va *du présent vers l'avenir* : un même son, qui a commencé, se développe continûment, c'est-à-dire se donne un avenir toujours neuf – bref, *dure*. Ici, on a au contraire une *unité qui se différencie* : un seul et même son se différencie en des moments de son toujours nouveaux. La constitution prend bien la forme d'une inversion. Le son originel, qui est retenu dans d'autres moments de son, apparaît comme un son qui se déploie : le commencement, voué à un renouvellement incessant, apparaît comme origine d'un processus continu. Ce qui est renouvellement incessant des nouveaux maintenant apparaît comme modification continue du moment initial. Autrement dit, on a affaire à une continuité qui déploie ce par quoi elle se constitue : les moments qui lui donnent naissance, en s'unifiant par la rétention, apparaissent comme sa différenciation. L'unité de la durée semble alors donner aux moments temporels la vie qu'en réalité elle leur doit. Alors que c'est la matière (moments temporels, apparaître de la durée) qui donne naissance à la forme (unité de la durée) grâce à la rétention, la matière apparaît comme moment de la forme. Comme le dit très bien Granel : « La mélodie marche sur la tête des sons et les maintient en dessous du niveau de l'attention, ou bien encore : *elle* les fait surgir *sous ses pas*, comme ce sur quoi pourtant elle pose les pieds [1]. »

Cette constitution est exemplaire puisque Husserl parvient, à partir de vécus immanents (*Urimpressionen*) et de l'intentionnalité rétentionnelle, à rendre compte de la transcendance et, en quelque sorte, de l'indépendance de l'objet temporel : le temps se donne comme s'écoulant, alors que c'est la conscience qui le fait et le rassemble avec lui-même à chaque instant. Sous la passivité de la sensation temporelle, Husserl fait apparaître une activité originaire et dissimulée de la conscience. Il est clair alors que tout repose sur la *rétention*.

c) *La rétention*

Il faut se souvenir que les analyses de Brentano comportaient un noyau phénoménologique, que Husserl formule de la façon suivante : « L'unité de la conscience qui embrasse présent et passé est un *Datum*

1. G. Granel, *Le Sens du Temps et de la Perception chez E. Husserl*, *op. cit.*, p. 107.

phénoménologique » (§ 6, p. 25). Seulement, on l'a vu, Husserl met en question le fait que le passé apparaisse dans la conscience sur le mode de l'*imagination*. C'est à cela que s'oppose la théorie de la rétention. Il est vrai, pour Husserl également, que toute perception se modifie sous forme d'une rétention, que, par conséquent, chaque phase est conscience rétentionnelle de ce qui la précède : mais la rétention est une modification spécifique, qui la distingue et de la présence réelle du senti et du ressouvenir proprement dit, ou souvenir secondaire.

Rétention

Dans la rétention, le tout juste passé est encore retenu, « gardé en tête » dit Husserl (Supplément IX, p. 159). Cependant, il ne faut pas confondre la rétention d'un son avec sa résonance. Dans le cas d'un son qui s'estompe, le son est encore senti, mais dans sa résonance, c'est-à-dire atténué : il est réellement présent dans la conscience. Dans le cas de la rétention, le son n'est pas réellement présent ; il est « remémoré de façon primaire ». Il serait donc erroné de penser que les données impressionnelles sont encore présentes mais en changeant seulement de forme : elles sont au contraire absentes, puisqu'elles se donnent comme passées.

Ce qui revient à dire que la rétention est une intentionnalité. Comme le dit Husserl, de même qu'un son imaginaire n'est pas un son, mais l'imagination d'un son, le souvenir primaire est autre chose que la sensation d'un son.

Cependant, il s'agit d'une intentionnalité d'un type absolument singulier. Husserl écrit : « Avec le surgissement d'une donnée originaire, d'une phase nouvelle, la précédente n'est pas perdue, mais "gardée en tête" (…) et grâce à cette rétention est possible un regard en arrière sur ce qui est écoulé ; la rétention elle-même n'est pas ce regard en arrière qui fait de la phase écoulée un objet » (*ibid.*). Ajoutons que ce « regard en arrière » peut être soit une réflexion, si le vécu continue à s'écouler, soit précisément un ressouvenir. Autrement dit, afin que la conscience se rapporte thématiquement au passé, en fasse un objet, c'est-à-dire en possède une représentation présente, il faut d'abord que la dimension du passé comme tel soit ouverte : je ne peux avoir d'image ou de représentation du passé que parce que je suis originairement en rapport avec le passé lui-même, en deçà de toute représentation.

Ainsi, la rétention ne rend pas le passé présent ; *elle fait être le passé comme tel*, c'est-à-dire comme ce qui n'est pas présent. Si la rétention est intentionnalité, elle n'est pas représentation. Dans la rétention, le passé vient « hanter » la conscience sans l'occuper, vient traîner derrière elle sans qu'elle se retourne pour autant vers lui : il l'habite sans qu'elle le possède, ou plutôt elle ne se rapporte à lui que comme ce qui la dépossède, comme sa propre trace.

Dès lors, la « rétention elle-même n'est pas un "acte" (c'est-à-dire une unité de durée immanente, constituée dans une suite de phases rétentionnelles), mais une conscience instantanée de la phase écoulée » (*ibid.*). En effet, en tant qu'acte, elle serait un vécu immanent qui, comme tel, serait susceptible de *durer*, c'est-à-dire serait de l'ordre du *constitué* et supposerait donc déjà l'ouverture du passé. En tant qu'elle constitue le temps, *la rétention ne peut être un acte temporel*. C'est pourquoi Husserl écrit que chaque maintenant impressionnel se transforme immédiatement en conscience de lui-même comme écoulé, comme passé.

L'intentionnalité de la rétention n'est donc pas la visée, c'est-à-dire la mise en présence de quelque chose : présenté, le passé cesserait d'être passé. Elle est conscience du passé comme n'étant plus, comme non-présence : elle ne rend pas présent un contenu absent, elle est présence de l'absence, c'est-à-dire présence propre à l'absence, la manière dont l'absence peut se présenter tout en demeurant absence. Non pas l'absence comme un mode, une modification, de la présence, mais la présence comme mode de l'absence.

La question qui se pose dès maintenant est alors la suivante : comment cette donation de l'absence peut-elle relever d'une conscience ? La conscience comporte par essence une dimension de mise en présence qui semble contredire l'absence du passé. N'y a-t-il pas contradiction entre l'absence du passé et sa donation dans une conscience ? En effet, que peut être une conscience *du* passé si elle n'est pas débordement ou dépossession de la conscience *par* le passé, c'est-à-dire conscience *au* passé, ou plutôt, identité de la conscience du passé et du passé de la conscience (du pass*er* de la conscience) ? Identité d'un connaître et d'un être : la conscience ne pourrait retenir le passé que parce qu'elle serait son propre passé.

Rétention et ressouvenir

Ces déterminations de la rétention appellent sa distinction avec *le ressouvenir*, *le souvenir secondaire* (§ 14-15 et 19-21). La conscience du passé ne peut être fondée sur une imagination : elle repose sur la rétention comme intentionnalité spécifique. Cependant, le passé, donné dans le souvenir primaire, peut faire l'objet d'une *représentation*, c'est-à-dire d'un *souvenir secondaire*. Mais le second présuppose le premier : dans la rétention, le passé est donné en personne, *perçu* ; dans le ressouvenir, ce même passé est remémoré, c'est-à-dire représenté, mais *non perçu*.

Précisément, en tant que le ressouvenir est une représentation, il suppose une donation originaire du passé comme tel, qu'il ne peut lui-même assurer. Il faut que la dimension du passé soit ouverte et comme disponible afin qu'une remémoration soit possible. Dès lors, le ressouvenir peut reparcourir une mélodie déjà écoutée, produire une quasi-audition, dans laquelle, du côté de l'*objet* de la remémoration, chaque présent aura un halo de rétentions et de protentions. Mais, d'autre part, cette remémoration est un acte qui, comme tel, se constitue dans un *continuum* de données originaires et de rétentions. On peut donc relever au moins quatre différences entre souvenir primaire et souvenir secondaire.

1) La rétention est nécessairement précédée d'une perception. Le souvenir secondaire peut se produire à tout moment et n'est pas tributaire de la perception qu'il prend pour objet.

2) Corrélativement, la modification qui transforme un maintenant originaire en un passé a le caractère d'un dégradé continu. Au contraire, la différence entre perception et remémoration est discontinue.

3) Nous n'avons aucune liberté vis-à-vis de la rétention : « L'apparition originaire, et le flux originaire des modes d'écoulement dans l'apparition, est quelque chose de bien fixé, dont nous avons conscience par une "affection", sur lequel nous pouvons seulement porter notre regard » (§ 20, p. 66). Au contraire, la représentation est quelque chose de libre, un libre acte de parcours.

4) Le flux, s'enfonçant dans la rétention, se caractérise par une clarté décroissante. Mais, lorsque ces modifications se produisent dans la représentation du flux, apparaissent d'autres modes d'obscurité, pouvant concerner le présent du flux, qui appartiennent au mode de représentation.

Rétention et perception

En accusant la différence entre rétention et remémoration, ce qui rapproche la rétention d'une perception, Husserl est conduit à aborder le problème du rapport entre rétention et perception, ce qui permet de clarifier le statut de cette rétention (§ 16 et 17).

Bien que seul l'instant présent soit perçu (senti), nous disons que nous percevons la mélodie dans son ensemble. En effet, une mélodie ne peut pas être perçue autrement que par des impressions et des rétentions : « L'acte constitué, édifié à partir de la conscience du maintenant et de la conscience rétentionnelle, est la *perception adéquate de l'objet temporel* » (§ 16, p. 54). Ainsi, confrontée à la représentation, au souvenir secondaire, la donation de la mélodie est une perception, même si tous les sons ne sont pas présents. Apparaît ici le sens originaire de la perception comme donation originaire, donation en personne, même si ce qui est donné est une non-présence. « [S]i nous nommons perception *l'acte en qui réside toute origine, l'acte qui constitue originairement,* alors le *souvenir primaire* est *perception.* Car *c'est seulement dans le souvenir primaire que nous voyons le passé,* c'est seulement en lui que se constitue le passé, et ce non pas de façon re-présentative, mais au contraire présentative » (§ 17, p. 58).

Cependant, d'autre part, nous pouvons distinguer la conscience *impressionnelle* et la conscience *rétentionnelle*, ce qui correspond à la différence entre maintenant et passé. On pourra alors parler de perception proprement dite à propos de l'impression : la perception, comme donation du maintenant, s'opposera alors au souvenir primaire et à l'attente primaire. Cependant, une telle distinction n'aurait vraiment de validité que si le présent perçu n'était pas d'essence temporelle. Or, ce qui le caractérise, c'est qu'il passe dans la rétention, qu'il est son propre passage.

Nous n'avons donc pas en toute rigueur des appréhensions individuelles (impressions) qui pourraient être données en elles-mêmes, mais « *un* continuum *unique, qui se modifie en permanence* » (§ 16, p. 56). Ce qui veut dire que perception et non-perception passent continûment l'une dans l'autre. Il y a donc une relativisation nécessaire, ici, du sens de la perception. Si on divise le *continuum* en deux parties contiguës, celle qui correspond au maintenant se distingue de l'autre, comme maintenant épais, mais celui-ci peut être à son tour divisé selon un maintenant plus mince et un non-maintenant, etc. Si bien que le moment de la perception proprement dite n'est qu'une *unité idéale*. Comme l'écrit Husserl : « ce n'est là précisément qu'une limite idéale, quelque chose d'abstrait qui ne peut rien être en lui-même. Il reste au demeurant que même ce maintenant idéal n'est pas quelque chose de différent *toto caelo* du non-maintenant, mais au contraire en commerce continuel avec lui. Et à cela correspond le passage continuel de la perception au souvenir primaire » (§ 16, p. 57).

La situation est donc la suivante : si, d'un côté, il faut bien admettre des maintenant, puisque le temps s'écoule, n'est pas totalement achevé, de l'autre, chaque maintenant est son propre passage dans le non-maintenant, il glisse continûment dans la rétention et n'est réellement que son propre recul rétentionnel. Dès lors, si toute perception au sens impressionnel passe continûment dans une non-perception, la *non-perception* au sens de la non-présence est encore *une perception*. Si la présence est sa propre déprésentation, celle-ci constitue encore une présence, à savoir celle du passé. Autrement dit, le perçu au sens de l'impressionnel n'a de sens qu'abstrait, de sorte que l'on peut parler de perception à propos de la mélodie elle-même. L'originarité ne peut ici, en droit, être distinguée de la non-originarité et c'est pourquoi le perçu comme maintenant n'est qu'une limite idéale : *il y a donc extension de l'originarité à la non-présence*, de sorte que l'on peut rigoureusement parler de perception à propos de l'objet temporel.

Impression et rétention

Ces considérations nous permettent de revenir à la rétention et de clarifier cette donation du passé. La difficulté était de comprendre la rétention comme donation du passé comme tel, comme conscience d'une non-présence. Or, on le sait, la rétention est une modification de l'impression. C'est finalement sur elle que tout repose, ou plutôt, ce qu'il faut parvenir à comprendre, c'est l'*unité* de l'impression et de la rétention.

Or, on ne peut rien comprendre à cela si l'on pose une conscience extérieure au flux, qui le contemplerait de telle sorte qu'elle serait soumise à l'alternative de la présence et de la non-présence. Dire que la conscience peut donner le non-présent deviendrait incompréhensible. Il faut donc rappeler le projet de Husserl : montrer comment la temporalité immanente se constitue. Cette constitution renvoie à une conscience ultime, originaire, qui a d'abord été saisie à travers l'impression et la rétention. Comment la comprendre ? C'est maintenant vers l'impression originaire qu'il faut se tourner.

Page 88 (§ 31) : « L'impression originaire est le non-modifié absolu, la source originaire de toute conscience et de tout être ultérieurs. » Elle a pour contenu, ajoute Husserl, ce que signifie le mot « maintenant ». Elle n'est donc pas un contenu ou un vécu, mais l'événement même de la présence en deçà de la partition de la conscience et de l'être. Husserl précise à la page 131 (Supplément I) : « elle n'est pas elle-même produite, elle ne naît pas comme quelque chose de produit, mais par *genesis spontanea*, elle est génération originaire. Elle ne se développe pas (elle n'a pas de germe), elle est création originaire ». Et il ajoute que « c'est le produit originaire, la "nouveauté", ce qui s'est formé de façon étrangère à la conscience, ce qui est reçu par opposition à ce qui est produit par la spontanéité propre de la conscience ». Il précise encore à la page 99 (§ 36) : le flux constitutif du temps, c'est « la subjectivité absolue, et il a les propriétés absolues de quelque chose qu'il faut désigner métaphoriquement comme "flux", quelque chose qui jaillit "maintenant", en un point d'actualité, un point-source originaire ».

Autrement dit, la conscience ultime qui constitue le temps se confond avec le surgissement incessant et spontané d'une nouveauté, d'un nouveau maintenant. Source absolue, qui jaillit sans cesse et ne se soutient que d'être remplie par ce qui la déborde. C'est donc l'*unité absolue d'une passivité et d'une activité*. C'est une subjectivité, *une vie* qui ne vit que comme *absolue réceptivité d'un toujours nouveau* et dont l'activité comme vie se confond avec sa passivité vis-à-vis de maintenant toujours neufs. C'est donc bien l'unité originaire de la conscience et de l'être, *le Maintenant* : en tant qu'il n'y a d'impression que par une conscience et de conscience que par une impression (*cf.* Supplément I, 131), la conscience n'est rien sans impressions. C'est une vie qui ne vit que d'être débordée par elle-même, unité vivante du soi et du non-soi ; un soi qui ne survit qu'en se donnant sans cesse un non-soi, qu'il est et qu'il n'est pas. Il va de soi que ce flux absolu, même si nous ne pouvons le nommer que par le constitué (« [p] our tout cela les noms nous font défaut », § 36, p. 99), n'est pas temporel, ne relève pas de la succession ou de la simultanéité.

Nous pouvons mieux comprendre dès lors le sens de la rétention et de son unité avec l'impression. En effet, l'être de l'*Urimpression*, c'est-à-dire de la conscience originaire, est le jaillissement d'une incessante nouveauté. L'être de l'*Urimpression* est sa propre avancée, son propre dépassement. Dès lors, l'*Urimpression* est tout autant son propre retard sur elle-même, sa propre précession. Puisque la conscience impressionnelle est au-delà d'elle-même, elle est tout autant en deçà d'elle-même, c'est-à-dire s'accomplit comme *conscience de sa propre trace*, comme unité de la conscience et de la trace, c'est-à-dire comme conscience *du* passé. Parce que la conscience impressionnelle est son propre avenir, elle est également son propre passé : elle est retard sur elle-même car elle est son propre excès. Ainsi, étant son propre passé, elle est conscience *au* passé, et, par là même, conscience *du* passé comme tel, présence de l'absence.

Il s'ensuit que les rétentions ne sont que la trace ou le sillage laissé par le flux absolu qui, étant son propre renouvellement, ne peut se donner que comme son propre retard, ne peut se donner qu'au passé : les rétentions emboîtées sont comme une « queue de comète » (§ 14, 50). N'étant que son propre retard, le flux se donne une image de lui-même qui est sa propre trace et qui n'est autre que le temps. Comme avance sur elle-même, l'*Urimpression* est sa propre modification comme rétention. Parce que le flux est renaissance, il n'y a de présence que comme non-présence, c'est-à-dire présence de la non-présence dans la rétention. Granel écrit : « L'Originaire en tant qu'Impression est au contraire une Identité qui, parce qu'elle Pro-cède de soi vers soi, et parce que dans cette fuite en avant elle a son être même, sa vie, son présent – donc parce qu'elle a son *esse* comme *futurum esse* (comète) – est pour cette raison aussi capable d'ouvrir derrière soi, et pourtant en soi, ou pour mieux dire de s'ouvrir elle-même en arrière d'elle-même à partir d'elle-même, c'est-à-dire d'être originairement au passé, d'*être* à la traîne d'elle-même [1]. »

Il suit de là que *la conscience du temps* se confond avec *le temps de la conscience*, que c'est de la temporalisation originaire que naît la conscience du temps. La rétention est d'un même mouvement passer de la conscience originaire, de la subjectivité absolue, et par là même *conscience* du passé : c'est dans le retard sur soi, dans l'inertie de la subjectivité absolue que se constitue une conscience *du* passé, qui n'est autre que la conscience originaire *au* passé, *passant*.

---

1. G. Granel, *Le Sens du Temps et de la Perception chez E. Husserl*, *op. cit.*, p. 88.

Dès lors, la temporalité n'est autre que *l'auto-affection* de la subjectivité absolue : elle s'affecte elle-même et se saisit donc elle-même comme temps. Mais cette saisie, cette auto-affection se confond exactement avec la temporalisation du temps, avec son passer. La subjectivité absolue est telle que par sa propre vie, par sa propre avance, elle produit sa trace et *s'affecte alors* comme conscience de cette trace, comme conscience du passer. La conscience de la durée naît de la durée de la conscience. Le flux se sait en passant, c'est-à-dire comme passé, comme conscience de la durée. Ainsi se constitue le sentir comme tel : il est auto-affection temporelle de la subjectivité originaire comme *Urimpression*. Par son jaillissement incessant, l'*Urimpression* s'écarte de soi, s'ouvre en soi, de sorte que chaque présent retient son propre passé dans celui qui suit, se donne comme passé – au passé – dans celui qui suit. La conscience originaire sort de soi, s'ouvre à quelque chose, sent, en se retenant en elle-même par son dépassement même.

L'ouverture de l'expérience sensible, l'écart qu'elle exige, se confond avec le surgissement de la nouveauté, c'est-à-dire la vie de la subjectivité absolue [1]. La sensation, c'est le sujet absolu qui s'atteint comme son propre en deçà : c'est le temps qui fait naître la *déhiscence* du sentir et du senti.

Cependant, il ne faut pas en conclure hâtivement que c'est par la rétention que *naît* la conscience. On pourrait être tenté de dire en effet : « la phase initiale ne peut devenir objet qu'*après* son écoulement, de la manière indiquée, grâce à la rétention et à la réflexion (donc à la reproduction) »

---

1. *Cf.* E. Levinas, *Théorie de l'intuition dans la phénoménologie de Husserl, op. cit.*, p. 53.

(Supplément IX, p. 160). En effet, on pourrait conclure que seule la rétention ouvre la distance, l'intentionnalité nécessaire à la conscience du contenu impressionnel. Or, il n'en est rien. Notons d'abord que la rétention *rend seulement possible* une objectivation – quoiqu'elle ne soit pas une véritable objectivation. Surtout, ajoute Husserl, si la phase initiale « n'était consciente que par la *seule* rétention, il serait impossible de comprendre ce qui permet de la caractériser comme "maintenant" » (*ibid.*). « C'est une véritable absurdité que de parler d'un contenu "inconscient", qui ne deviendrait conscient qu'après coup. La conscience (*Bewußtsein*) est nécessairement être-conscient (*bewußtsein*) en chacune de ses phases » (*ibid.*). En effet, la rétention est une *modification* de l'impression – par laquelle l'impression se donne au passé. Il est clair que cette conscience au passé ne serait pas pensable s'il n'y avait pas une conscience *au présent*, qui est l'impression elle-même. On n'a pas une naissance d'une conscience à partir d'une non-conscience, mais passage d'une conscience originaire (maintenant) à une conscience modifiée. Nous sommes de part en part dans l'élément de la conscience.

Il n'en reste pas moins que cette remarque n'est pas sans fondement, c'est-à-dire que cette modification ne laisse pas intact le sens de la conscience. Husserl écrit à propos de l'impression : « si elle n'était consciente que par la *seule* rétention » (*ibid.*) : il reconnaît donc que la rétention participe à la conscience, c'est-à-dire introduit un nouveau sens, ou une nouvelle dimension de la conscience. En effet, la conscience, au niveau de l'impression, est une conscience originaire qui est l'avènement du maintenant, c'est-à-dire qui est l'origine absolue, antérieure à la différence de la conscience et de l'objet. Par la rétention, inhérente au renouvellement incessant de ce maintenant, se produit comme une première séparation, *l'ouverture d'une transcendance originaire*, par laquelle l'unité de l'affectant et de l'affecté se brise. Donc, en effet, avec cette première antériorité naît une conscience *proprement dite* en tant qu'unie à son autre. Avec la rétention naît la double polarité du senti et du sentir, c'est-à-dire une conscience sensible proprement dite. Mais il n'en reste pas moins que, la rétention naissant de l'avance ou du retard sur soi de l'impression originaire, elle ne peut être consciente que dans la mesure où l'impression originaire l'est aussi.

3. *Les degrés de constitution*

Il nous faut cependant enfin introduire des distinctions au sein de cette constitution du temps, que nous avons saisie sur un mode unitaire. Il est nécessaire de distinguer, au total, trois niveaux (*cf.* § 34 et Supplément VI).

a) Les choses dans le temps objectif, correspondant à une objectivation du temps immanent. C'est le temps du monde.

b) Les choses sont constituées dans des vécus immanents, noétiques et hylétiques, qui ont pour composante eidétique la durée. Il y a donc un temps immanent ou subjectif, qui est le temps des apparitions de choses.

c) Ce temps subjectif est lui-même constitué par une conscience ultime, celle que nous avons saisie à travers les concepts de rétention et impression. Ce niveau est celui de la subjectivité absolue « et il a les propriétés absolues de quelque chose qu'il faut désigner métaphoriquement comme "flux", quelque chose qui jaillit "maintenant", en un point d'actualité, un point-source originaire » (§ 36, p. 99).

Toute la difficulté est de caractériser ce *flux absolu* en le distinguant du *flux constitué*, c'est-à-dire de la durée immanente : il s'agit d'un Maintenant toujours nouveau, qui surgit sans cesse et qui est retenu dans les maintenant qui suivent, selon une continuité en dégradé. Cependant, ce flux est quelque chose que nous nommons d'après le constitué, mais qui n'est rien de temporellement objectif (*cf.* § 36, p. 99).

En effet, ce flux est un *changement continu*, qui s'écoule comme il s'écoule, sans pouvoir s'écouler plus vite ou plus lentement. En tant qu'il s'agit du flux lui-même et non de ce qu'il contient (impression) – de ce qu'il constitue comme durée – en lui rien ne change car rien ne demeure. Le flux, c'est le pur changement incessant, la *pure forme* du changement, du renouvellement. Dès lors, ce flux est un type « d'objectivité » différent du temps constitué en lui et, à vrai dire, on est aussi loin que possible de toute objectivité. En tant qu'il est pur changement, rien en lui ne change et, par conséquent, rien ne dure. Ce qui signifie que le flux constitutif de la durée *ne dure pas* : « Dans le flux originaire, il n'y a pas de durée » (Supplément VI, p. 151). En tant qu'en lui, rien ne change, on ne peut parler ni de *changement*, ni de *permanence*, ni de *simultanéité*, ni de *succession*. Ne peuvent être attribuées au passage comme tel les propriétés de *ce qui passe* (et se conserve) en ce passage. En d'autres termes, quelque chose demeure dans le flux, à savoir la forme même du flux, qui est immuable : on a la forme permanente d'un passage, d'un maintenant qui se renouvelle sans cesse et qui est rempli par un contenu toujours nouveau.

Mais cette caractérisation du flux dans sa différence avec la durée constituée pose un problème. Nous parlons du flux comme tel, de la subjectivité absolue comme ayant une *unité*. Mais d'où tirons-nous notre connaissance du flux constituant (Supplément VI, p. 148)? C'est-à-dire : comment pouvons-nous savoir que le flux constitutif ultime de la conscience possède une unité? C'est ici la même question : le flux n'est accessible *comme tel* que dans la mesure où il présente une unité. Le saisir comme flux, c'est exactement le saisir comme un *seul* flux, comme un *même* flux. Le problème se précise ainsi : *a)* cette conscience ultime, en laquelle tout se résout, je ne peux la percevoir elle-même, je coïncide avec elle, je la « *suis* ». Sinon, en effet, ce nouveau perçu serait un objet temporel, qui renverrait à une conscience constituante du même type et ainsi à l'infini. *b)* Et pourtant, de cette conscience ultime, j'ai une connaissance, elle m'apparaît avec évidence comme un seul flux, comme une unité. La question est donc la suivante : comment puis-je avoir une connaissance du flux ultime qui préserve son absoluité, c'est-à-dire qui ne restaure pas une conscience de degré supérieur et qui, par conséquent, ne rabatte pas le flux du côté de la durée constituée? Autrement dit, il s'agit de comprendre comment il peut y avoir connaissance de l'unité du flux comme originaire, de telle sorte que cette unité ne se confonde pas avec la durée d'un vécu immanent.

La seule réponse réside dans un *dédoublement de la rétention*, rendant possible une auto-constitution du flux (§ 39 et Supplément VIII).

« C'est en lui [*sc.* dans le flux] que se constitue par exemple l'unité de la durée d'un son, mais lui-même se constitue de son côté comme unité de la conscience de la durée du son » (§ 39, p. 105). Autrement dit, ce qui vaut au plan du son constitué vaut au plan des consciences constituantes. En vertu du passage de l'impression dans la rétention et de l'emboîtement continu des rétentions, la succession des maintenant du son apparaît comme développement continu d'un seul et même son. Mais corrélativement, et pour les mêmes raisons, la *conscience actuelle* du son, en tant qu'elle est rétention de la conscience qui vient de passer, s'apparaît *en continuité avec les consciences passées*, c'est-à-dire comme moment du développement d'une seule et même conscience, c'est-à-dire d'un unique flux de conscience. En d'autres termes, grâce à la rétention, la conscience s'unifie sans cesse, fait une avec elle-même : en retenant à chaque moment son tout juste passé et, à travers lui, *tous* ses passés, la conscience *constitue sa propre unité*, c'est-à-dire se constitue comme un unique flux continu, une *unique* conscience. Par la rétention, la conscience se saisit sans cesse elle-même comme la même, c'est-à-dire s'apparaît comme continuation ou développement d'une conscience originelle, d'une première conscience.

Il y a donc bien un *dédoublement de l'intentionnalité*. Il y a une première intentionnalité, *transversale*, qui est rétention ou souvenir primaire du son et qui constitue donc la durée immanente du son. Mais, d'autre part, le nouveau présent, en retenant le son tout juste écoulé, retient également la conscience (impressionnelle) tout juste écoulée du son, de sorte que les consciences se renouvellent continuellement dans le renouvellement des maintenant. Cette seconde intentionnalité est *longitudinale*. Elle ne traverse pas le flux vers l'objet immanent qui dure. Elle demeure dans l'axe du flux, ou encore unifie les moments du flux, les

consciences ou les moments de la subjectivité absolue :
« le flux est traversé par une intentionnalité longitudinale
qui, dans le cours du flux, se recouvre elle-même
continûment » (§ 39, p. 107).

Dès lors, au niveau du flux se constitue une continuité
qui n'est autre que celle de la *conscience constitutive* du
temps. C'est pourquoi Husserl qualifie cette unité du flux
lui-même comme « un ordre uni-dimensionnel, quasi-
temporel » (*ibid.*), c'est-à-dire comme « temporalité pré-
phénoménale », « pré-immanente » (*ibid.*, p. 109). En effet,
on assiste à la constitution d'une unité, d'une continuité
qui annonce, qui rend possible et qui, finalement, est l'autre
face (la face subjective, celle de la conscience constituante)
de l'unité temporelle constituée. C'est le versant conscience,
le versant constituant, de l'unité temporelle : non temporelle
parce que nous ne sommes pas du côté du contenu
impressionnel, et donc rien ne peut durer – mais pré-
temporelle, car c'est cette unité qui, remplie d'un contenu
ou « appliquée » à un contenu, se transformera en durée.
C'est donc une durée sans contenu, une pré-durée, c'est-
à-dire la durée originaire de la conscience, qui rendra
possible une conscience de la durée.

Il va de soi, que, finalement, ces deux plans correspondent
à *deux faces* de la même intentionnalité rétentionnelle et,
comme le dit Ricœur, le « passage de l'une à l'autre consiste
dans un déplacement du regard plutôt que dans une franche
mise hors circuit » [1]. Comme l'écrit Husserl, en effet, « il
y a dans un seul et même flux de conscience *deux
intentionnalités*, formant une unité indissoluble, s'exigeant
l'une l'autre comme deux côtés d'une seule et même chose,

---

1. P. Ricœur, *Temps et Récit*, t. III. *Le Temps raconté*, Paris, Le Seuil,
1985, p. 65 (p. 78 de la réédition en collection « Points-Essais »).

enlacées l'une à l'autre » (§ 39, p. 108). En effet, il ne faut pas oublier que, au sein de l'impression, du point source, la séparation entre le contenu et la conscience relève de l'abstraction. Nous avons vu que si l'impression est par la conscience, la conscience est tout autant par l'impression : on a donc un événement originaire qui est en deçà de l'alternative de la conscience et du contenu ; il y a une inséparabilité de principe entre le plan constitué et le plan constituant. Il s'agit bien seulement d'une question d'orientation du regard.

Nous pouvons maintenant répondre à la question posée initialement. Nous ne sommes pas condamnés à une régression à l'infini car la nature même du flux, comme impressionnel-rétentionnel, rend possible une *auto-constitution du flux*. Le propre de la conscience originaire, c'est qu'elle s'apparaît à elle-même sans qu'une autre conscience soit requise, c'est qu'elle constitue donc sa propre unité. Comme l'écrit enfin Husserl : « Le flux de la conscience immanente constitutive du temps non seulement *est*, mais encore, de façon si remarquable et pourtant compréhensible, il est tel qu'une apparition en personne du flux doit avoir lieu nécessairement en lui, et que par suite on doit pouvoir nécessairement saisir le flux lui-même dans son écoulement. L'apparition en personne du flux n'exige pas un second flux, mais en tant que phénomène il se constitue lui-même » (*ibid.*).

Conclusion sur la temporalité

1. Souvenons-nous que cette analyse de la temporalité était commandée par deux motifs convergents. D'une part, atteindre la couche la plus profonde de la constitution de la *hylè* elle-même, afin que la dimension créatrice (Fink)

et pas seulement intuitive de la phénoménologie soit assurée. Husserl fait apparaître la conscience constituante de l'objet (*Ideen I*), décrite en termes de contenus réels (*hylè*, noèse) comme *constituée* par une conscience ultime qui n'est autre que le flux absolu. En effet, la durée immanente qui caractérise les vécus comme tels est constituée dans le jeu des impressions et des rétentions. Dès lors, médiatement, *la constitution du temps porte toute la charge de l'objectivité*. S'il est vrai que la donation de l'objet spatial repose sur les vécus noétiques, le sens premier de l'objectivité renvoie à sa permanence dans la durée. L'objet du monde est d'abord ce qui demeure, ce qui dure. Or, la constitution de la durée objective, que nous n'avons pas eu le temps de thématiser, repose bien sûr sur la durée des vécus immanents : le sens premier de l'objectivité renvoie bien à la conscience ultime du temps.

Le second motif renvoyait à la phénoménologie de la genèse. Afin d'éviter la dépendance de la constitution vis-à-vis des sens d'être déjà donnés, révélés dans l'eidétique, il était nécessaire de faire une genèse de ces sens d'être, c'est-à-dire des actes. Cette genèse, fondée sur la conservation d'une première fois sous forme d'*habitus*, renvoie à l'histoire de l'*Ego*, c'est-à-dire à l'auto-constitution de l'*Ego* dans l'unité d'une histoire. Avec le flux constituant ultime et l'intentionnalité longitudinale, nous parvenons à mettre au jour cette auto-constitution, sur laquelle repose la possibilité d'une genèse des sens d'être. Par là même, le sens authentiquement créateur de la constitution, c'est-à-dire non dépendant des sens d'être mondains, peut être mis en évidence.

2. La démarche de Husserl manifeste une *continuité du sens* de la constitution. Celle de la temporalité immanente

est conçue de manière homogène à celle de l'objet transcendant : un objet temporel immanent se constitue en s'esquissant dans des apparitions de temps, c'est-à-dire des impressions originaires, qui s'unifient par la rétention. Il s'agit donc toujours d'en venir aux « actes » d'une conscience qui, sur la base de certains vécus, constitue l'objet. La perspective est résolument idéaliste, subjectiviste : il s'agit de reconduire toute transcendance, même celle du temps, à l'intimité de la conscience elle-même. Cependant, on peut se demander si, poussée au niveau du temps, cette tentative ne se renverse pas, ou plutôt, ne rencontre pas sa propre limite. En effet, la rétention n'est pas un acte, elle est, dit Husserl, *affection*. Comme nous l'avons vu, dans la rétention, le passé est donné comme tel à la conscience, ce qui signifie que la conscience se rapporte à une non-présence, qu'elle est dépossédée de son intimité à elle-même. Dans la rétention, la conscience ouvre sur un autre absolu, elle est en rapport avec ce qui est résolument hors d'elle, avec une transcendance irréductible. L'ouverture de cette transcendance se confond avec la temporalisation originaire. Or, on peut se demander s'il n'y a pas une tension entre ce que nomme la rétention et la problématique de la conscience à laquelle la rétention continue d'être référée. Comme ouverture effective à une transcendance, la rétention peut-elle être le fait d'une conscience ? Autrement dit : la conscience d'une non-présence n'est-elle pas finalement une non-conscience ? Ou plutôt : une conscience du passé ne renvoie-t-elle pas à une conscience au passé, c'est-à-dire à une *archè* (un passé originaire) de la conscience, plus profonde qu'elle. La « déprésentation » impliquée dans la rétention peut-elle être encore le fait de la conscience ou bien ne signifie-t-elle pas plutôt un dessaisissement de la conscience elle-même ? Dès lors, à la pointe de la perspective constitutive, le concept de rétention compromettrait, voire ferait éclater cette perspective. Pour le dire autrement, la rétention met au jour un type d'intentionnalité qui ne peut plus être assumé par une conscience. Dès lors, en retour, la problématique du temps ne viendrait-elle pas *remettre en question l'intentionnalité* qui est à l'œuvre dans la constitution de l'objet ? La rétention, correctement pensée, c'est-à-dire fondée sur autre chose qu'une conscience, permettrait de rendre compte de la donation de cette transcendance qu'est la chose. Dans la rétention apparaît la donation d'un espace originaire (Derrida) qui permettrait de penser la perception autrement que comme donation de sens, qui permettrait de penser l'ouverture originaire de la « conscience » à un monde. C'est la voie qu'emprunteront certains post-husserliens. Pour Merleau-Ponty, par exemple, la donation du monde repose sur la temporalité originaire, comme sens ultime de la subjectivité, mais cette subjectivité, identité d'une présence à soi et d'une non-présence, d'une coïncidence et d'une déprésentation, ne peut être comprise que comme corps propre. Le corps vivant est ce qui me permet de m'ouvrir à la facticité, à une véritable transcendance.

C. LE PROBLÈME DE L'INTERSUBJECTIVITÉ

Le problème d'autrui est certes appelé par l'exigence constitutive, dès lors qu'il faut partir du monde de l'attitude naturelle. Mais il est surtout appelé par le sens de la constitution telle qu'elle se thématise dans les *Méditations cartésiennes.* Nous avons vu en effet que c'est à l'intérieur de l'*Ego* que se constitue tout sens d'être, de sorte que la phénoménologie était un idéalisme transcendantal. Dès lors, survient inévitablement l'objection de *solipsisme* : si toute réalité est constituée dans l'*Ego* transcendantal, cela signifie qu'elle est *pour* cet *Ego* et donc que tout autre conscience est exclue, que la position d'une autre conscience est contradictoire. Cependant, d'autre part, ce qui semble être une conséquence inévitable de cet idéalisme contrevient au sens de la phénoménologie dans sa prétention à rendre compte du *sens d'être* de ce qui est, selon toute sa plénitude (transcendance objective) et selon toute son extension (autrui).

L'attitude de Husserl va consister non pas à limiter cet idéalisme égologique mais au contraire à tenir les deux exigences – l'exigence *réductrice* et l'exigence *descriptive* – et à montrer qu'elles sont compatibles à condition de descendre à un niveau de profondeur suffisant. À vrai dire, tel est bien le sens de la réduction : mettre au jour une vie constitutive qui permette de retrouver, selon son sens d'être propre, ce qui a été réduit.

En effet, il faut tout d'abord prendre la mesure de ce que recouvre l'expérience d'autrui (*MC* V, § 43). Je perçois autrui, non seulement comme *objet* du monde qu'il est par son *corps*, mais aussi comme *psychisme*, régissant un corps physiologique et, enfin, comme *sujet* pour ce monde. Mon *Ego* se dédouble : il y a d'autres sujets qui perçoivent mon monde. Ce qui signifie que *ma* mondanéité objective dépend d'autrui : pour et par lui je suis un sujet apparaissant au sein du monde. D'autre part, l'existence d'autrui confère à mon monde le sens d'un monde pour d'autres, d'un monde *étranger à moi* : par l'autre, il cesse d'être l'« œuvre

de mon activité synthétique (…) privée » (§ 43, p. 76/151).
Il faut donc distinguer le monde privé de chacun, c'est-à-dire le phénomène du monde propre à chacun, et le monde objectif qui transcende chaque monde privé et est commun à tous. Bref, une théorie transcendantale de l'expérience de l'autre « *donne en même temps les assises d'une théorie transcendantale du monde objectif* » (p. 77/152). Il appartient en effet au sens de l'existence du monde d'exister pour chacun. On voit que la portée de la constitution d'autrui est considérable : d'elle dépend le sens d'une objectivité véritable, c'est-à-dire d'une autonomie du réel vis-à-vis de l'*Ego*. La situation est ici la même que chez Descartes, qui doit faire appel à la véracité divine pour fonder la valeur objective des représentations. Mais il s'agit, pour ce dernier, de fonder la valeur objective des représentations à partir de la conscience. L'idée d'infini est exactement ce qui, du sein de la conscience, rend possible une sortie de la conscience, c'est-à-dire la position d'une transcendance. Husserl caractérise la solution cartésienne comme un « moyen de détresse » (*Krisis*, Appendice X, p. 466). Finalement, Descartes en passe aussi par la position d'un autre (Dieu), mais cette position est métaphysique, sans justification phénoménologique.

On voit donc que le problème d'autrui porte la charge d'un achèvement de la phénoménologie, c'est-à-dire d'une constitution du monde dans son sens d'être véritable, à savoir comme monde *opposé* à la conscience – monde public.

Enfin, par autrui passe la constitution d'un monde culturel. Le monde de l'expérience contient des objets déterminés par des prédicats spirituels, qui renvoient à des sujets étrangers à nous-mêmes.

Tel est le champ couvert par la question d'autrui, c'est-à-dire ce qui est impliqué par l'exigence descriptive. Cependant, d'autre part, Husserl précise ceci : « Il faut, en tout cas, maintenir comme vérité absolue ceci : tout sens que peut avoir pour moi la "quiddité" et le "fait de l'existence réelle" d'un être, n'est et ne peut être tel que dans et par ma vie intentionnelle » (p. 76/151). La situation est la suivante : nous avons une couche de sens, celle de la transcendance qui apparaît comme « donnée », c'est-à-dire comme ne pouvant pas être constituée comme telle par l'*Ego* tel qu'il a été explicité jusqu'ici. L'*Ego*, en effet, constitue en lui toute existence. Or, autrui a pour sens d'être d'exister hors de l'*Ego*, de transcender la sphère de l'*Ego*. Husserl affirme pourtant que l'*Ego* peut constituer l'étranger, que l'exigence constitutive n'est pas ébranlée par l'exigence descriptive. Selon l'exigence phénoméno-logique, toute donation, c'est-à-dire toute apparition d'un donné doit pouvoir être constituée : il faut donc admettre que l'étrangeté d'autrui, dont l'*Ego* est apparemment incapable, recouvre également une activité constitutive, qui est seulement occultée au niveau où nous nous situons. La transcendance d'autrui doit pouvoir conserver un sens à l'intérieur de l'*Ego*. Cette extériorité interne à l'*Ego* renvoie alors nécessairement à un *Ego plus profond*, à un *Ego propre*, vis-à-vis duquel autrui est extérieur et par lequel il sera constitué. Pour résoudre la tension, il faut faire apparaître, sous la corrélation entre l'*Ego* transcendantal et autrui, une relation constitutive entre un *Ego* propre et l'*Ego* étranger. Bref, la difficulté vient du fait que l'on se place au terme d'une constitution en laquelle autrui est atteint par un *Ego* plus originaire et solitaire.

La mise au jour d'une activité constituante suppose toujours une réduction. Il faut donc effectuer une nouvelle *épochè* à l'intérieur de l'*épochè* transcendantale. Elle va consister à faire « *abstraction des fonctions constitutives de l'intentionnalité qui se rapporte directement ou indirectement aux subjectivités étrangères* » (*MC* V, § 44, p. 77/153). Il s'agit donc de me réduire à ma sphère transcendantale propre en écartant tout ce que la constitution transcendantale me présente comme étranger. Il faut préciser la nature de cette *épochè* toute particulière. Nous sommes déjà dans la sphère transcendantale : il ne s'agit donc pas de neutraliser, de désinvestir une thèse d'existence puisque celle-ci a déjà été suspendue. Les autres se donnent comme sens pour l'*Ego*, et c'est justement de là que vient la difficulté. Il s'agit donc plutôt d'une abstraction, qui sépare l'étranger du propre. Cependant le geste est comparable : dans la sphère transcendantale, l'étranger se donne comme déjà constitué, il occulte l'œuvre constitutive, tout comme, dans l'attitude naturelle, ce qui est perçu occulte la vie constitutive. Au regard de l'*Ego*, autrui apparaît comme étranger : il faut donc en faire abstraction pour délimiter l'*Ego* propre au sein duquel l'étranger comme tel peut être constitué ; il faut retrouver le chemin constitutif par lequel l'étranger comme tel est compris. Comme le dit très bien Merleau-Ponty, il s'agit de distendre les fils intentionnels afin de les faire apparaître. Bref, il s'agit de faire apparaître l'étranger comme une *possibilité de l'Ego*, c'est-à-dire de délimiter l'*Ego plus profond* dont l'étranger est la *possibilité*. Ce qui se donne comme ayant le sens de transcendant au sein de l'*Ego* intégral va apparaître comme constitué par l'*Ego* propre, c'est-à-dire finalement comme *intentionnellement immanent* à l'*Ego intégral*.

Le problème se pose finalement ainsi : « *comment* se fait-il que mon *ego*, à l'intérieur de son être propre, puisse, en quelque sorte, constituer "l'autre" "justement comme lui étant étranger", c'est-à-dire lui conférer un sens existentiel qui le met hors du contenu concret du "moi-même" concret qui le constitue » (*ibid.*, p. 78-79/155).

Il reste à délimiter cette sphère propre. Pour cela, il est nécessaire de faire abstraction non seulement d'autrui mais de ce qui est impliqué par sa présence, à savoir la transcendance objective, ainsi que de tous les caractères du monde phénoménal qui le qualifient comme existant pour d'autres.

Cette sphère comprend d'abord la *chair* (*Leib*) : corps que je sens, dont je dispose de façon immédiate, et par lequel je me rapporte au monde. Par cette chair je suis en rapport avec une nature propre ou primordiale : c'est le monde en tant qu'il est strictement corrélatif de mon corps propre, pôle de mes sensations et de mes mouvements. C'est le monde de ma chair, qui n'a pas d'autre réalité que d'être rapporté à elle, le monde de ma vie. C'est cette structure charnelle qui, jusqu'alors, avait été occultée dans l'analyse intentionnelle. La chair va apparaître en effet comme ce qui rend possible son propre débordement par autrui, comme ce qui est originellement en rapport avec une autre chair. Finalement, c'est en s'enfonçant dans ce qui est le plus propre, le plus radicalement moi qu'une ouverture au non-propre va s'avérer possible ; c'est dans l'auto-affection que l'on va trouver la clé de l'hétéro-affection. Ainsi, comme le note Ricœur, c'est finalement en assumant le solipsisme, ou plutôt en recherchant une couche solipsiste, celle de la chair propre, que Husserl parvient à récuser l'objection du solipsisme : dans ce qui m'est le plus propre je découvre l'ouverture à un non-propre, à autrui.

Cette réduction au propre conduit aux délimitations suivantes : la nature propre correspond à une transcendance immanente ou primordiale, à laquelle il faut opposer une transcendance objective. Il y a donc *trois degrés* :

1. l'immanence véritable qui correspond au champ des vécus ;

2. la transcendance immanente correspondant à la nature propre ;

3. la transcendance objective correspondant à la nature intersubjective.

Or, finalement, ces trois niveaux correspondent à trois niveaux du moi :

1. il y a le moi au sens strict comme unité du cours des vécus ;

2. il y a le moi propre comme sphère primordiale ;

3. il y a la monade concrète comprenant tout sens, tout ce qui est constitué en moi, c'est-à-dire non seulement le cours des vécus mais les sens d'être constitués en lui.

Or, le sens de la réduction au propre est précisément de faire paraître le chemin constitutif qui va de la *nature propre* à la *nature objective*. En effet, au niveau de la monade, du moi intégral, le chemin constituant qui va de ma chair aux autres est occulté, de sorte que les autres apparaissant et les objets ont un sens de transcendance objective qui semble contrevenir au sens du moi : mais ce qui apparaît comme donné *dans la monade*, comme simplement étranger, se découvre comme constitué à partir du propre et donc finalement comme appartenant à la monade, constitué par elle.

La constitution du monde objectif comporte nécessairement plusieurs degrés. *a)* Tout d'abord le plan de la constitution d'autrui : l'autre, premier en soi, c'est l'autre moi. *b)* D'autre part, il est dans l'essence de la constitution des autres Moi que ceux-là ne restent pas isolés mais qu'ils constituent au contraire une communauté de Moi, existant les uns avec et pour les autres, et qui m'englobent moi-même, c'est-à-dire une *communauté* de monades. *c)* Par là est possible la constitution d'un monde objectif comme corrélatif de cette communauté de monades. Finalement, le monde objectif est constitué dans une *sphère inter-subjective d'appartenance*. *d)* Enfin, c'est au sein de cette intersubjectivité, c'est-à-dire par les autres, que j'acquiers, comme les autres, le sens d'être psycho-physique, objet du monde.

Nous ne pouvons qu'évoquer le principe de cette constitution d'autrui, au sein de laquelle on peut distinguer trois étapes (les trois étapes correspondent à un remplissement progressif de la visée). Tout le problème est le suivant : comment peut être motivée, au sein de ma sphère propre, la position d'une autre conscience avec précisément le sens d'être une autre conscience, c'est-à-dire distincte de la mienne et inaccessible en propre ?

1. Au sein de ma sphère propre, je n'ai accès qu'au corps d'autrui. Seule une ressemblance entre mon corps et celui d'autrui peut donc fonder l'apprésentation d'autrui. On a affaire à une transposition aperceptive, une apprésentation analogique. Cela n'a rien à voir avec un raisonnement. Il s'agit d'un « accouplement », c'est-à-dire d'une forme de la synthèse passive : par cette formation en couple, il y a un transfert de sens du premier élément

(mon corps en tant que corps d'un psychisme) sur le second (le corps de l'autre). C'est-à-dire que le second élément, dans le couple, est saisi selon le sens du premier. Le corps de l'autre se donne donc d'emblée comme indice d'une vie psychique.

2. Il y a bien apprésentation d'un vécu étranger, tout comme tel aspect de la chose apprésente tel aspect caché, à ceci près que, ici, l'*apprésentation* peut toujours être transformée en *présentation*, alors que, avec autrui, c'est impossible. Or, cette visée apprésentative va trouver une *confirmation* dans le comportement concordant d'autrui. Là encore, la situation s'apparente à celle de la perception de la chose, où la visée est confirmée par la concordance des esquisses. Avec autrui, la position du vécu étranger est confirmée et renforcée par un comportement changeant mais concordant. Cette confirmation demeure indirecte, elle est concordance des indices.

3. Enfin, intervient l'imagination qui va remplir le vécu apprésenté mieux que ne le faisait la concordance des esquisses. En effet, je peux viser le là-bas, c'est-à-dire l'ici d'autrui comme un ici possible pour moi. J'apparie donc le vécu d'autrui non seulement à mon expérience actuelle, en vertu de l'analogie des comportements, mais à mon expérience *potentielle* : autrui perçoit ce que je percevrais si j'étais situé là-bas. Je peux donc remplir par mon vécu *imaginaire* le vécu d'autrui que j'apprésente. Comme l'écrit Ricœur, « [c]e qui n'était initialement qu'une espèce de l'analogie logique (…) devient maintenant transport en imagination et sympathie en une autre vie »[1]. Cependant l'altérité de l'autre est préservée, en ce qu'il s'agit seulement d'une imagination et d'une imagination mienne.

1. P. Ricœur, *À l'école de la phénoménologie*, op. cit., p. 211.

INDEX DES NOMS PROPRES

INDEX DES PRINCIPAUX CONCEPTS

TABLE DES MATIÈRES

DEUXIÈME PARTIE
LA PHÉNOMÉNOLOGIE TRANSCENDANTALE

Imprimé en France par CPI
en octobre 2015

Dépôt légal : octobre 2015
N° d'impression : 131203